28.
·54

Edition Akzente
Herausgegeben von
Michael Krüger

Derek Walcott
Das Königreich des Sternapfels

Gedichte

Mit einem Vorwort von
Joseph Brodsky

Deutsch von Klaus Martens

Mit einem Nachwort des
Übersetzers

Carl Hanser Verlag

Mit freundlicher Genehmigung des Verlages Farrar, Straus & Giroux, New York.
Unsere Auswahl enthält Gedichte aus den Sammlungen: *The Star-Apple Kingdom*, 1979; *The Fortunate Traveller*, 1981; *Midsummer*, 1984, – Der Essay von Joseph Brodsky erschien zuerst als Einführung zu *Poems of the Carribean*, herausgegeben von Derek Walcott, Limited Editions Club, 1983, später in Joseph Brodsky: *Less Than One*, New York 1986, dt. unter dem Titel *Flucht aus Byzanz*, München 1988.

2 3 4 5   95 94 93 92

ISBN 3-446-15198-2
Alle Rechte vorbehalten
© der Originalausgabe by Derek Walcott
© des Vorworts by Joseph Brodsky
© der deutschen Ausgabe
Carl Hanser Verlag München Wien 1989
Umschlag: Nach einem Entwurf von Klaus Detjen
unter Verwendung eines Fotos von Nancy Crampton
Satz: LibroSatz Kriftel
Druck und Bindung: Pustet Regensburg
Printed in Germany

Joseph Brodsky
Das Klingen der Gezeiten
Über Derek Walcott

Da Zivilisationen endlich sind, gibt es im Leben einer jeden einen Augenblick, da ihre Zentren keinen Zusammenhalt mehr geben. In solcher Zeit bewahrt keine Legion, sondern die *lingua* sie vor dem Zerfall. Das war schon in Rom so und vorher, im hellenischen Griechenland. Die Aufgabe des Zusammenhaltens wird in solchen Zeiten von Menschen aus der Provinz übernommen, aus den Randgebieten. Im Gegensatz zu einer weitverbreiteten Auffassung endet die Welt in den Randgebieten nicht – vielmehr franst sie genau dort aus. Die Sprache wird davon nicht weniger beeinflußt als das Auge.

Derek Walcott wurde auf der Insel St. Lucia geboren, wo, »des Reiches müde, die Sonne untergeht«. Sie erhitzt dabei allerdings einen Schmelztiegel von Rassen und Kulturen, viel größer als irgendein anderer nördlich des Äquators. Das Reich, aus dem dieser Dichter kommt, ist ein echtes genetisches Babel; Englisch, jedoch, ist seine Zunge. Wenn Walcott gelegentlich in kreolischer Mundart schreibt, dann nicht etwa, um seine stilistischen Muskeln spielen zu lassen oder sein Publikum zu vergrößern, sondern um dem Tribut zu zollen, was er als Kind sprach – bevor er, den Turm umkreisend, ihn erstieg.

Die wirklichen Biographien der Dichter gleichen denen der Vögel, sie sind fast identisch – in ihren Klängen sind ihre wirklichen Daten. Die Biographie eines Dichters ist in seinen Vokalen und Sibilanten, in Metrum, Reim und Metapher. Das Korpus des Werkes bezeugt das Wunder des Daseins. Auf gewisse Weise ist es immer ein Evangelium, dessen Zeilen radikaler als sein Publikum den Autor bekehren. Die Wahl der Worte sagt bei Dichtern unweigerlich mehr aus als das Erzählte; darum mögen die besten von ihnen nicht daran denken, daß ihre Biographien einmal geschrieben werden. Will man über Walcotts Ursprünge etwas lernen, dann sind die Seiten dieser Auswahl die beste

Einführung. Folgendes, erzählt von einer seiner Personen, kann durchaus als Selbstporträt des Autors gelten:

> I'm just a red nigger who love the sea,
> I had a sound colonial education,
> I have Dutch, nigger, and English in me,
> and either I'm nobody, or I'm a nation.

> Ein roter Nigger, der lieben das Meer,
> Bin ich, mit echt kolonialem Diplom;
> Hab Holländisch, Nigger und Englisch in mir,
> Bin entweder niemand oder eine Nation.

Dieser flotte Vierzeiler gibt Auskunft über seinen Autor so gewiß wie das Lied eines Vogels – und erspart dabei einen Blick aus dem Fenster. Daß er meint, was er sagt, wenn er sich einen »red nigger« nennt, spricht das dialektale »love« aus. »Sound colonial education« kann durchaus für die University of the West Indies stehen, wo Walcott 1953 seinen akademischen Grad erlangte, doch steckt in dieser Zeile noch viel mehr, dem wir uns später zuwenden wollen. Auf jeden Fall aber vernehmen wir darin die Verachtung für genau jene Ausdrucksweise, die für die Herrenrasse typisch ist, und den Stolz des Eingeborenen auf diese Ausbildung. »Dutch« kommt vor, weil Walcott in der Tat teils holländisches und teils englisches Blut in seinen Adern hat. Angesichts der Zusammensetzung der Region denkt man jedoch weniger an Blut als an Sprachen. Statt Holländisch – oder gleichzeitig damit – hätten es Französisch, Hindi, Kreolenpatois, Suaheli, Japanisch, ein Spanisch lateinamerikanischer Prägung usw. sein können – was auch immer zu hören war in der Wiege oder auf den Straßen. Die Hauptsache aber bleibt, daß es Englisch war.

Die Art und Weise, wie die dritte Zeile bei »English in me« anlangt, zeugt von bemerkenswerter Raffinesse. Nach »I have Dutch« wirft Walcott beiläufig »nigger« ein und läßt damit jazzig die Zeile abtrudeln, so daß, wenn sie mit »and English in me« wieder aufschwingt, sich uns ein großartiges Gefühl des Stolzes, ja der Größe mitteilt, das noch verstärkt wird durch den Schock der Synkope zwischen »English« und »in me«. Und auf dieser Höhe des »having English«, zu der seine Stimme mit der Zögerlichkeit des bescheidenen und der Gewißheit des Rhythmus emporsteigt, läßt der Dichter mit »either I'm nobody, or I'm a nation« seiner machtvollen Rede freien Lauf. Die Würde und die erstaunliche Stimmkraft dieser Aussage verhalten sich genau proportional zu der Region, in deren Namen er spricht, und der ozeanischen Unendlichkeit, die sie umgibt. Wenn man eine solche Stimme hört, weiß man Bescheid: die Welt franst aus. Dies genau meint der Autor, wenn er sagt, er »lieben das Meer«.

Während der bald vierzig Jahre, die Walcott dabei ist, bei dieser Liebe zum Meer, haben ihn Kritiker an beiden Küsten des Meeres als »westindischen Dichter« oder als einen »schwarzen Dichter aus der Karibik« etikettiert. Diese Bezeichnungen sind genauso kurzsichtig und irreführend wie etwa die Bezeichnung des Heilands als Galiläer. Dieser Vergleich ist passend, wenn auch vielleicht nur deshalb, weil jedwede reduktive Tendenz der gleichen Angst vor dem Unendlichen entstammt; und was den Hunger aufs Unendliche angeht, so übertrifft die Poesie oft religiöse Glaubensbekenntnisse. In diesen Versuchen, den Mann als einen Regionalschriftsteller darzustellen, wird sowohl eine geistige als auch eine geistliche Feigheit sichtbar, die im weiteren wohl, seitens der Kritikerzunft, durch die fehlende Bereitschaft zuzugeben erklärt werden kann, daß der große Dichter der englischen Sprache ein Schwarzer ist. Man kann das auch einer völlig zerstörten Ohrleiste oder einer mit Speck umwachsenen Netzhaut zuschreiben. Schlechte geographische Kenntnisse sind immer noch die freundlichste Erklärung dafür.

Westindien nämlich ist ein riesiges Archipel, etwa fünfmal so groß wie das griechische. Bestimmte man Poesie nur über ihre Gegenstände, dann hätte sich Mr. Walcott im Besitz von Material befunden, das dem des Barden, der in ionischem Dialekt schrieb und die See ebenfalls liebte, fünffach überlegen wäre. In der Tat, wenn es denn einen Dichter gibt, mit dem Walcott viel gemeinsam zu haben scheint, dann ist dies kein Engländer, sondern eher der Autor der *Ilias* oder der *Odyssee* oder auch der von

Über die Natur der Dinge. Denn Walcotts Beschreibungsmächtigkeit ist wahrhaft episch; was aber seine Zeilen vor der Langeweile bewahrt, die damit einhergeht, ist der Mangel dieser Region an tatsächlicher Geschichte und sein besonderes Ohr für die englische Sprache, deren Feinheiten an sich schon eine Geschichte darstellen.

Aber ganz abgesehen von seinen einzigartigen persönlichen Gaben, sind Walcotts Zeilen gerade deshalb von solcher Resonanz und Dreidimensionalität, weil diese »Geschichte« schon ereignisreich genug ist: diese Sprache selbst ist schon episches Mittel. Was immer dieser Dichter berührt, wirft Widerhall und Perspektiven aus, wie magnetische Wellen psychologischer Akustik, mit echoähnlichen Schwingungen. Und natürlich gibt es in seinem Reich, in Westindien, viel zu berühren – allein das Königreich der Natur hält viel frisches Material bereit. Doch hier ist ein Beispiel dafür, wie dieser Dichter mit einem dichterischen Gegenstand umgeht, der wohl von allen am meisten *de rigueur* ist – dem Mond. Er läßt ihn für sich selbst sprechen:

> Slowly my body grow a single sound,
> slowly I become
> a bell,
> oval, disembodied vowel,
> I grow, an owl,
> an aureole, white fire.

> Langsam erwächst meinem Körper ein einzelner Laut,
> langsam werde ich
> eine Glocke,
> ein Oval, körperloser Vokal,
> ich wachse, eine Eule,
> eine Aureole, weißes Feuer.

(aus: »Metamorphosen, I/Mond«)

Und hier redet er *über* den ungreifbarsten poetischen Gegenstand – vielmehr, hier ist, was ihn darüber zum Sprechen bringt:

a moon ballooned up from the Wireless Station. O
mirror, where a generation yearned
for whiteness, for candour, unreturned.

aufstieg ein Mond, Ballon, von der Radiostation. O
Spiegel, wo sich eine Generation doch sehnte
nach Weißheit, Offenheit, unerwidert.

(aus: »Another Life«)

Die psychologische Alliteration zwingt den Leser beinahe, den »moon« mit beiden *o's* zu sehen und legt nicht nur das Wiederkehrende dieses Anblicks nahe, sondern auch die Wiederholung des Hinschauens. Besonders das Hinschauen ist diesem Dichter als menschliche Fähigkeit von größerer Bedeutung, und seine Beschreibung derer, die schauen, und ihrer Gründe dafür, erstaunt den Leser mit ihrer wahrhaft astronomischen Gleichung schwarzer Ovale mit dem weißen. Hier spürt man, daß des Mondes beide *o's* sich über die *l's* in »ballooned« zu den zwei *r's* in »O mirror« mutiert haben, die – ihrem konsonantischen Wert entsprechend – für *»resisting reflection«* (sich gegen die Reflektion wehrend) stehen; daß auch der Schwarze Peter nicht der Natur oder den Menschen, sondern der Sprache und der Zeit zugewiesen wird. Es ist die Redundanz dieser beiden – nicht die Wahl des Autors –, die für diese Gleichung von Schwarz und Weiß verantwortlich ist – was wiederum der rassischen Polarisierung, in die unser Autor hineingeboren wurde, eher gerecht wird als alles, was seine Kritiker mit ihrer zur Schau getragenen Unvoreingenommenheit leisten können.

Um es einfach zu sagen: anstatt eines reduktiven rassischen Auftrumpfens, das ihn zweifellos bei seinen Freunden und Feinden beliebt gemacht hätte, identifiziert sich Walcott mit jenem »körperlosen Vokal« der Sprache, der beiden Teilen seiner Gleichung gemeinsam ist. Wiederum ist die Weisheit dieser Wahl nicht so sehr seine eigene, als die Weisheit seiner Sprache – besser noch, die Weisheit ihres Buchstabens: von Schwarz auf Weiß. Walcott ist schlicht eine Schreibfeder, die sich ihrer Bewegung bewußt ist, und es ist diese Selbst-Bewußtheit, die die folgenden Zeilen zu graphischer Beredsamkeit zwingt:

Virgin and ape, maid and malevolent Moor,
their immortal coupling still halves our world.
He is your sacrificial beast, bellowing, goaded,
a black bull snarled in ribbons of its blood.
And yet, whatever fury girded
on that saffron-sunset turban, moon-shaped sword
was not his racial, panther-black revenge
pulsing her chamber with raw musk, its sweat,
but horror of the moon's change,
of the corruption of an absolute,
like a white fruit
pulped ripe by fondling but doubly sweet.

Jungfrau und Affe, Maid und boshafter Moor,
ihre unsterbliche Paarung halbiert noch die Welt.
Brüllend, gereizt, ist euer Opfertier er,
mit Blutbändern umwunden, ein schwarzer Bulle.
Und doch, welch Wut gewunden um
den Turban saffran-sinkender Sinne, mondförmig Schwert
war seine rassisch pantherschwarze Rache nicht,
die in ihre Kammer rohen Moschus pulst, den Schweiß,
Horror jedoch vor des Mondes Wandel,
vor der Verderbnis eines Absoluten,
gleich weißer Frucht,
reif gequetscht durchs Kosen, aber doppelt süß.

(aus: »Goats and Monkeys«)

Dies ist es, was eine »sound colonial education« ausmacht; dies steckt hinter dem »English in me«. Mit gleichem Recht hätte Walcott behaupten können, er habe in sich Griechisch, Lateinisch, Italienisch, Deutsch, Spanisch, Russisch, Französisch – wegen Homer, Lukrez, Ovid, Dante, Rilke, Machado, Lorca, Neruda, Achmatowa, Mandelstam, Pasternak, Baudelaire, Valéry, Apollinaire. Einflüsse sind dies nicht – es sind die Zellen im Strom seines Blutes, nicht weniger als Shakespeare oder Edward Thomas, denn Lyrik ist die Essenz der Kultur der Welt. Und falls die Kultur der Welt greifbarer ist zwischen von Urin verkrüppelten Bäumen, durch die sich »ein Schlammpfad windet wie eine flüchtende Schlange«, ein Hoch auf den Schlammpfad. Und das tut Walcotts lyrischer Held. Als einziger Wächter der ausgehöhlten Zivilisation steht er auf dem Schlammpfad und beobachtet, wie »der Fisch patscht und Kreise macht, / die den ganzen Hafen vermählen« mit »Wolken, an den Rändern gewellt, wie verbranntes Papier« darüber, mit »Telephondrähten, die von Pfahl zu Pfahl singen, / Perspektive parodieren«. Der Dichter ähnelt in seiner Scharfsicht Joseph Banks, mit der Ausnahme, daß, wenn er seine Augen auf einen Gegenstand oder eine Pflanze richtet – »angekettet in ihrem eigenen Tau« –, er etwas zuwege bringt, wozu ein Naturkundler nicht fähig ist – denn er belebt sie. Gewiß, die Region braucht so etwas, und der Dichter selbst nicht weniger, um dort zu überleben. Wie auch immer – die Region gibt etwas zurück; und daher Zeilen wie:

> Slowly the water rat takes up its reed pen
> and scribbles leisurely, the egret
> on the mud tablet stamps its hieroglyph ...

> Langsam ergreift die Wasserratte ihre Rohrfeder
> und schreibt gemächlich, der Silberreiher
> drückt der Schlammtafel seine Hieroglyphe auf ...

Dies ist mehr als die Namensgebung im Garten Eden – es ist ja auch schon ein bißchen später geworden. Walcotts Lyrik ist in dem Sinne Adamisch, als beide, er und die Welt, das Paradies verlassen haben – er, indem er die Frucht des Wissens kostete; seine Welt durch die politische Geschichte.

»Ah, schöne dritte Welt!« ruft er einmal irgendwo aus, und in diesem Ausruf steckt mehr als einfach Sorge und Erbitterung. Es ist ein Kommentar der Sprache über größeres als nur örtliches Versagen von Nerven und Vorstellungskraft; es ist eine semantische Erwiderung auf die Sinnentleertheit und Überfülle der Realität, episch in ihrer Schäbigkeit. Verlassene, überwachsene Landebahnen, verfallene Herrenhäuser pensionierter Beamter, mit Wellblech gedeckte Hütten, einschlotige Küstenschiffe, die

Rauch wie »Relikte aus Conrad« ausschnaufen, vierrädrige Leichen, ihren Schrottfriedhöfen entkommen, lassen ihre Knochen vorbeiklappern an Pyramiden aus Eigentumswohnungen, hilflose oder korrupte Politikusse und junge Dummbolde, die, um ihren Platz einzunehmen, den Finger am Abzug haben und revolutionären Schrott plappern, »Haie mit wohlgebügelten Schuppen, / so nehm mir aus die kleinen Puppen, / mit Klingengrinsen«; eine Region, wo »dir das Hirn platzt, bevor du ein Buch findest«, wo du, stellst du das Radio an, den Kapitän eines weißen Kreuzfahrtschiffes hören kannst, wie er darauf besteht, den zollfreien Laden einer vom Hurrikan heimgesuchten Insel wieder zu öffnen, egal wie, wo »die Armen immer arm, egal welchen Arsch sie fangen«, wo man das, was man mit der Region gemacht hat, zusammenfaßt mit den Worten, »wir warn in Ketten, doch die Ketten machten uns einig, / welche reich, gut für sie, und fressen, fressen«, und wo, »fern von ihnen, neben anderen Tieren, / im brennenden Mangrovensumpf / Ibisse für Briefmarken posieren«.

Ob man es akzeptiert oder ablehnt, dem kolonialen Erbe bleibt in Westindien weiterhin magnetische Anziehungskraft. Walcott versucht seinen Bann weder durch ein Abtauchen »in inkohärente Nostalgie« nach einer niemals gewesenen Vergangenheit zu brechen, noch durch die Sicherung eines Plätzchens in der Kultur der ehemaligen Herren (in das er, wegen der Größe seines Talents, ohnehin nicht passen würde). Er handelt in dem Glauben, daß die Sprache größer ist als die Herren oder ihre Diener, daß deshalb, als ihre höchstentwickelte Form, Lyrik gleichermaßen für beide ein Instrument in ihrer eigenen Entwicklung zum Besseren ist; ein Mittel also, um eine Identität zu gewinnen, die den Grenzen der sozialen Klasse, der Rasse oder des Ichs überlegen ist. Dies ist schlichte Vernunft; zugleich ist es das solideste Programm zur gesellschaftlichen Veränderung, das es gibt. Aber Lyrik ist schließlich auch die am meisten demokratische Kunst – sie beginnt immer mit dem, was sie am Nullpunkt zusammenkratzen kann. Eigentlich gleicht der Dichter wirklich einem zwitschernden Vogel, gleich auf welchem Zweig er landet und auf eine Zuhörerschaft hofft, sei sie auch nur Blattlaub.

Walcott weiß genug über dieses »Laub«, diese »Blätter«, dieses Leben – sei es stumm oder voller Zischlaute, erblaßt oder starr über seine Impotenz und Selbstaufgabe –, um dich, angesichts der Zeilen auf diesem Blatt, beiseite blicken zu machen:

> Sad is the felon's love for the scratched wall,
> beautiful the exhaustion of old towels,
> and the patience of dented saucepans
> seems mortally comic . . .

> Traurig die Liebe des Gefangenen zur bekratzten Wand,
> schön die Müdigkeit der alten Handtücher,
> und die Geduld der eingedellten Tiegel
> erscheint todkomisch . . .

Und du findest, da du weiterliest:

> . . . I know how profound is the folding of
>   a napkin
> by a woman whose hair will go white . . .

> . . . Ich weiß, wie tief das Falten einer
>   Serviette
> geht, wenn der Frau das Haar weiß werden wird. . .

Trotz aller geradezu entmutigenden Präzision ist dieses Wissen frei von modernistischer Verzweiflung (die sich oft nur als ein wackliges Überlegenheitsgefühl dartut), und es teilt sich mit in einem Ton, der so ausgeglichen ist wie sein Ursprung. Was Walcotts Zeilen von Hysterie freihält, ist sein Glaube, daß:

> . . . time that makes us objects, multiplies
> our natural lonelines. . .

> . . . die Zeit, die uns verdinglicht, unsere natürliche
> Einsamkeit vervielfacht. . .

Was zu folgendem »Irrglauben« führt:

... God's lonelines moves in His smallest
creatures.

... Gottes Einsamkeit bewegt sich in Seinen kleinsten
Wesen.

Kein »Blattlaub«, weder oben bei uns noch in den Tropen, möchte so etwas hören, darum auch wird des Vogels Gesang so selten beklatscht. Eine größere Stille noch wird nach folgendem eintreten:

All of the epics are blown away with leaves,
blown with careful calculations on brown paper,
these were the only epics: the leaves...

All die Epen sind mit Blättern fortgeweht,
verweht mit vorsichtiger Rechnung auf braunem Papier,
dies waren die einzigen Epen: die Blätter...

Fehlende Reaktion auf sein Werk war manchen Dichters Ende, wie immer es auch aussah, so daß sich das Endresultat in jenem berüchtigten Equilibrium – oder auch einer Tautologie – zwischen Ursache und Wirkung befindet: Schweigen. Was Walcott davon abhält, eine angemessenere – und in seinem Fall wohl eine tragischere – Pose einzunehmen, ist nicht sein Ehrgeiz, sondern seine Bescheidenheit, die ihn und seine »Blätter« zu einem knappen Buch zusammenfaßt: »... doch wer bin ich denn ... unter den Absätzen von Tausenden, / die auf den Ausruf ihres gemeinsamen Namens zurasen, / *Sauteurs!*... «

Walcott ist weder Traditionalist noch Modernist. Keiner der bekannten Ismen paßt auf ihn. Er gehört keiner »Schule« an; es gibt in der Karibik, abgesehen von »schools of fish« (Fischschwärmen), einfach nicht so viele Schulen. Man könnte versucht sein, ihn einen metaphysischen Realisten zu nennen, doch definiert sich Realismus bereits über Metaphysik, und umgekehrt. Abgesehen davon, würde es nach Prosa riechen. Er kann naturalistisch, expressionistisch, surrealistisch, imagistisch, hermetisch, konfessionell sein – was auch immer. Er hat einfach – wie ein Wal Plankton oder ein Pinsel die Palette – alle stilistischen Idiome absorbiert, die der Norden zu bieten hatte; nun steht er allein und da in voller Größe.

Seine Vielseitigkeit im Umgang mit dem Metrum und den Gattungen ist beneidenswert. Jedoch neigt er überwiegend zum lyrischen Monolog und zu narrativer Lyrik. Das und die Tendenz, in Zyklen zu schreiben, sowie seine Versdramen zeigen die epische Ader dieses Dichters. Vielleicht ist es Zeit, ihn beim Wort zu nehmen. Fast vierzig Jahre lang schlugen seine hartnäckigen Zeilen, wie Flutwellen, in die englische Sprache und gerannen zu einem Archipel aus Gedichten, ohne die eine Karte der modernen Literatur kaum von Makulatur zu unterscheiden wäre. Er gibt uns mehr als sich selbst oder »eine Welt«; er gibt uns ein Gefühl für die Unendlichkeit, die die Sprache verkörpert ebenso wie der Ozean, der in seinen Gedichten immer vorhanden ist: als ihr Hintergrund und ihr Vordergrund, als ihr Gegenstand oder ihr Versmaß.

Um es anders auszudrücken: diese Gedichte sind entstanden aus der Fusion von zwei Unendlichkeiten, der Sprache und dem Ozean. Die beiden gemeinsame Herkunft, das dürfen wir nicht vergessen, ist die Zeit. Falls die Evolutionstheorie, besonders jener Teil davon, der lehrt, wir kämen alle aus dem Meer, überhaupt wasserdicht ist, dann repräsentiert Derek Walcotts Lyrik die höchste und logischste Entwicklungsstufe der Gattung. Gewiß kann er sich glücklich schätzen, daß er auf diesem Außenposten, diesem Kreuzweg des Englischen und des Atlantiks, geboren wurde, wo beide in Wellen nur anlanden, um wieder auszulaufen. Das gleiche Bewegungsschema – von Anlandung und Rückkehr zum Horizont – hält sich in Walcotts Zeilen, seinen Gedanken und seinem Leben.

Schlagt dies Buch auf und seht ». . . den grauen, eisernen Hafen an einer Möwe / rostiger Angel sich öffnen«, hört »das Himmelsfenster knirschen / bei hereingewürgtem Rückwärtsgang«, seid gewarnt: es wird »Am Ende dieses Satzes Regen setzen. / Am Rande des Regens ein Segel...« Dies ist Westindien, ein Reich, das einmal die Positionslaterne einer Karavelle für das Licht am Ende des Tunnels hielt und teuer dafür bezahlte – es war das Licht am Eingang des Tunnels. So etwas passiert oft, Archipelen und einzelnen Menschen; in diesem Sinne ist jedermann eine Insel. Wenn wir diese Erfahrung dennoch als westindisch festhalten müssen und dieses Reich Westindien nennen, dann laßt uns das tun; aber laßt uns auch klarstellen, daß wir einen Ort im Sinn haben, den Kolumbus entdeckte, den die Briten kolonisierten und den Walcott unsterblich machte. Auch dürfen wir hinzufügen, daß es großzügiger ist und von stärkerer Vorstellungskraft zeugt, einem Ort den Status lyrischer Realität zu geben, als etwas zu entdecken oder auszubeuten, das längst geschaffen war.

1983

Das Königreich des Sternapfels
(The Star-Apple Kingdom)
1979

Auf den Virginen

Für Bill und Pat Strachan

Die Tiefendünung der Orgel der anglikanischen
Kirche in Christiansted, St. Croix, kann
des Fallschirmjägers Stimme nicht begleiten:
»Wurde Polizist nach Vietnam. Dreißig Absprünge.«
Glocken peinigen die tote Straße, und Tauben
taumeln vom steinernen Kirchturm, Schirme geöffnet,
und kreisen, bis die Wellen des Schalls verebben.
»Salud!« Erhoben das Glas des Fallschirmjägers.
Die Gemeinde nimmt wie auf Posten Haltung an,
mit schurrenden Schuhen und Stiefeln,
und wiederholt die Befehle, da die Orgel stampft:
»Lobet den Herrn. Der Name des Herrn sei gepriesen«.

Jenseits des stillen Hafens sind die Brecher
nicht zu hören, die den angeschlagenen
Horizont bombardieren, oder die Chartermaschinen,
die auf Buck Island zuschießen. Der einzige Krieg hier
ist ein Krieg des Schweigens zwischen Himmel und See,
und nur die Stimme des marschierenden Chors erhebt sich
und zieht neue Rekruten mit dem alten Ruf
»Vorwärts, Gotteskrieger« auf Kirchenstühle
noch halbleer oder, wie ein Glas, halbvoll.
Eine Möwe, fest an einer Zinne, hängt
am seidenblauen Himmel wie ein Orden.

Nichts als diese Boote, dies blaue Wasser?
Im Chorhemd, eingefaßt mit Spitze, die Felsen,
wo sie ankern, Dingy, Katamaran und Rennjacht,
und nicken ein zur Tiefendünung von »Lobet den Herrn«?
Das Apostellicht von Wesley und Watts fuhr
die Grubenschächte hinab in unsere Kanzel,
rauh sein Strahl mit Anthrazitgeriesel,

das auf uns in unseren Bänken fiel:
von Gottes langsam mahlenden Mühlen in Lancashire
Asche auf die Toten, versunken in flandrischen Gräben,
da graues Drieseln nun den Blick besudelt

auf diesen blauen Hafen, gerahmt vom Fenster,
wo zwei gelbe Palmwedel, gerissen vom Windeszügel,
parieren wie zwei Pferdehälse und tragen nickend
wie ein Leichenwagen so langsam, den buschigen Dunst
des Regens, und, da in einem Kind das Wetter
wechselt, dunkelt draußen der paradiesische Tag,
die Jachten flattern wie Motten im grauen Krug,
die kriegerischen Stimmen schwinden im Donner, da,
jenseits des Hafens, wie ein zögernder Köder,
ein Regen seinen Bogen auswirft in sieben Farben.

Heut abend nun ist Sonntag zur Ruhe gelegt.
Altarlichte schwimmen auf dem schwarzen Glas,
wo die Jachten steif sich wiederholen,
und phosphoreszieren mit jedem Kräuseln –
die weiten Parkplätze flutenden Überflusses –
und jeder Mast läßt schwanken das Zifferblatt
der Nacht, da seine Nadel kreist, den Sender
zu finden, der wahrhaft Friede ist.
Wie Laserlicht schießt, Sandbänke illuminiert,
so tost aus Diskos die Musik der Sphären,
und Wissenschaft infiziert langsam die Sterne.

R.T.S.L. *(1917-1977)*

Und was jenes Andere betrifft,
das kommt beim Glanz der Augenlider,
wenn das schimmernde Wachs
der entrunzelten Stirn
dem trockenen Mund
keine Fragen mehr stellt,

ob wie ein Hemd sie's Herz dann öffnen,
ein Aufbrausen von Schwalben zu entlassen,
ob das Hirn
den Würmern Bibliothek ist,
im Wissen jenes Augenblicks,
dem Moment,
da so starr alles wurde,

vor ironischen Adieus formell,
Orgel und Chor,
und ich den schwarzen Binder borgen mußte,
und an welchem Punkt der Predigt
kommt mein Tränenausbruch –

da war das Aufschrecken von Flügeln
aus dem zerfallenden Käfig
deines Körpers, deine Finger lösten sich aus ihrer Faust,
diese ruhig kreisenden Tauben
über der Seite,

und,
da wie ein Tor die Klammern sich schließen,
1917 bis 1977,
formen die Halbkreise sich endlich zum Gesicht,
zu einer Welt, einer Ganzheit,
einem unzerbrechlichen O,

und etwas, dem einmal zu eigen ein furchtbarer Name war,
geht von dem, was seinen Namen einst trug,
transparenter, exakter Repräsentant,
so daß wir sie durchschauen können,
Kirchen, Autos, Sonnenlicht
und den Bürgerpark von Boston,
eines Buches nicht bedürftig.

Der Forst Europas

Für Joseph Brodsky

Die letzten Blätter fielen wie Noten vom Piano
und ließen zurück ihre Ovale hallend im Ohr;
Der Wald, mit seinen staksigen Notenständern,
sieht wie ein leeres Orchester aus, die Reihen
liniert auf diesen verwehten Schneehandschriften.

Durch braune Glasziegel über deinem Kopf
scheint, Intarsienarbeit, der Kupferlorbeer
einer Eiche, whiskeyhell, da der Winteratem
der Zeilen, die du sprichst, von Mandelstam,
wie Zigarettenrauch sichtbar sich entfaltet.

»Rubelnotenrascheln an der zitronenfarbenen Newa.«
Wie zerfallende Blätter, fest unter dem Stiefel,
knirschen dir, Exilant, Gutturale unter der Zunge,
die Mandelstamzeile kreist mit dem Licht in einem
braunen Raum im kahlen Oklahoma.

Unter diesem Eis, wo des Tränenpfades
Mineralquelle salzig entspringt und Furchen gräbt
in die Ebene, hart und offen, wie das Gesicht
des Herdentreibers, sonnenzerrissen, gestoppelt mit
unrasiertem Schnee, ist ein Gulag-Archipel.

Das wachsende Flüstern vom Schriftstellerkongreß gebiert
umkreisenden Schnee, wie Kosaken, um die Leiche
eines müden Choctaw, bis hin zu einem Sturm
aus Papier und weißen Verträgen, da sich der einzelne
Mensch, der Sache wegen, aus dem Auge verliert.

Jeden Frühling wieder, wie Bibliotheken,
belasten sich die Äste mit neuerschienenen Blättern,

bis, Papier zu Schnee, der Kreislauf des Abfalls
sie aufnimmt, aber am Nullpunkt des Leidens dauert
der Geist, wie diese Eiche, mit tönenden Blättern.

Als der Zug die zerquälten Ikonen im Wald passierte,
der Schollen Klang wie Güterbahnhofsdröhnen,
gefrorener Tränen Turmspitzen, der Bahnhöfe kreischender
Dampf, nahm er einen Winteratemzug, zu Steinen
wurden im Frost die Konsonanten verwandelt.

Er erkannte in einsamen Bahnhöfen die Poesie
unter wie Asien so weiten Wolken, durch Bezirke,
die Oklahoma wie eine Traube verschlängen,
nicht diese baumbeschatteten Präriestationen,
aber Raum so verloren, daß der Ankunft er spottet.

Wer ist dies dunkle Kind auf den Zinnen
Europas im Anblick des Abendflusses, Dukaten
prägend mit Macht, nicht mit Poeten, die Themse
und die Newa rascheln wie Banknoten, am Horizont,
dann, schwarz auf gold, die Silhouetten des Hudson?

Von der gefrorenen Newa zum Hudson ergießt sich
ein Strom, unter den Kuppeln der Flughäfen, den Echos
der hallenden Bahnhöfe, von Emigranten, die das
Exil klassenlos machte, wie den Schnupfen, Bürger
einer Sprache, die jetzt dein eigen ist,

jeden Februar und jeden »letzten Herbst«
schreibst du weit von den Mähdreschern, die Weizen
legen wie Mädchen ihre Haare flechten,
weit von Kanälen in Rußland, die unterm Hitzschlag beben,
mit dem Englisch lebt ein Mann in seinem Zimmer.

Die Touristenarchipele meines Südens
sind auch verderbliche Gefängnisse, und ob doch
kein härteres Gefängnis ist, denn Verseschreiben,

was denn ist Poesie, die etwas taugt,
als ein von Hand zu Mund gereichtes Wort?

Von der Hand in den Mund gereicht, jahrhundertelang,
dies Brot, es währt, wenn Herrschaftssysteme verfallen,
wenn, im Forst verzweigten Stacheldrahts,
ein Gefangener umgeht, im Mund das eine Wort
bewegt, dessen Musik die Blätter überdauert;

es kondensiert von Engelsstirnen den Schweiß
von Marmor, der niemals trocknen wird, bis
die Aurora ihre Pfauenlichter schließt,
von L.A. bis Archangelsk den trägen Fächer,
und die Erinnerung nichts zu wiederholen braucht.

Verängstigt und verhungert schüttelte Osip
Mandelstam das göttliche Fieber, jede
Metapher durchzitterte ihn wie Krämpfe,
schwerer als ein Grenzstein jeder Konsonant zum
»Rubelrascheln auf der zitronenfarbenen Newa«,

doch nun, da das Fieber ein Feuer ist, wärmt
seine Glut unsere Hände, Joseph, da wie Primaten
wir in dieser braunen Hütte, Winterhöhle,
Gutturale tauschen, während draußen in Driften
Mastodons ihre Herrschaft dem Schnee aufzwingen.

Das Königreich des Sternapfels

Es gab alter Pastoralen Scherben noch
in jenen Sprengeln der Insel, wo das Vieh trank
aus älterer Himmel Schattenteichen,
aus einer Zeit, da Motive die Landschaft kopierten, wie
»Herefords am Abend im Flußtal des Wye«.
Das Bergwasser, das weiß vom Mühlrad fiel,
sprühend wie Blüten von Sternapfelbäumen,
die Windmühlen, die Zuckermühlen, muligetrieben,
auf der Tretmühle von Montag bis Montag, sie sprachen wieder
und wieder mit Zungen aus Feuer, Wasser und Wind,
mit Zungen von Missionsschulgören, wie Flüsse,
die sich ihrer Quellen erinnern, Kirchspiel Trelawny,
Kirchspiel St. David, Kirchspiel St. Andrew,
ihre Namen suchten die Weiden heim,
die Limonenhaine, die Zäune aus Mergel, das Vieh
mit geduldigem Sehnen, mit epochaler Zufriedenheit.
Und es gab wie alte Hochzeitskleiderspitze
auf dem Dachboden, zwischen Boas und Schirmen und
   teefarbenen
Daguerrotypien, Zeichen eines epochalen Glücks,
dem Kind so geregelt und so unendlich
wie die Großhaus-Chaussee zum Großen Haus,
an einer Flucht von Casuarinas entlang,
deren grüne Mähnen im Takt der Pferde nickten,
ein geregeltes Leben, Tag und Nacht von Lorgnetten
gebändigt, eine Scheibe die Sonne, die andere
der Mond, und im Spiegel zwischen Fenstern verkleinert:
Kindermädchen zu Puppen geschwunden, Treppen
aus Mahagoni, kaum größer als ein Album, in dem das Blitzen
der Bestecke vergilbt, so rötlich gelb, wie die Stapel
Gebäck zur Teestunde auf der mit Bougainvillea-
hecken umfriedeten Veranda mit Blick hinab
auf eine Aussicht unter einem Himmel, fahl

The Star-Apple Kingdom

There were still shards of an ancient pastoral
in those shires of the island where the cattle drank
their pools of shadow from an older sky,
surviving from when the landscape copied such subjects as
"Herefords at Sunset in the Valley of the Wye."
The mountain water that fell white from the mill wheel
sprinkling like petals from the star-apple trees,
and all of the windmills and sugar mills moved by mules
on the treadmill of Monday to Monday, would repeat
in tongues of water and wind and fire, in tongues
of Mission School pickaninnies, like rivers remembering
their source, Parish Trelawny, Parish St. David, Parish
St. Andrew, the names afflicting the pastures,
the lime groves and fences of marl stone and the cattle
with a docile longing, an epochal content.
And there were, like old wedding lace in an attic,
among the boas and parasols and the tea-colored
daguerreotypes, hints of an epochal happiness
as ordered and infinite to the child
as the great house road to the Great House
down a perspective of casuarinas plunging green manes
in time to the horses, an orderly life
reduced by lorgnettes day and night, one disc the sun,
the other the moon, reduced into a pier glass:
nannies diminished to dolls, mahogany stairways
no larger than those of an album in which
the flash of cutlery yellows, as gamboge as
the piled cakes of teatime on that latticed
bougainvillaea verandah that looked down toward
a prospect of Cuyp-like Herefords under a sky
lurid as a porcelain souvenir with these words:
"Herefords at Sunset in the Valley of the Wye."

wie Porzellan-Souvenirs, Cuyp-gleich,
auf der, wie folgt, zu lesen war:
»Herefords am Abend im Flußtal des Wye«.

Seltsam, daß brennender Haß sich verbarg in jenem
Traum von langsamen Flüssen und Schirmen
wie Lilien, in Schnappschüssen feiner alter Kolonial-
familien, nicht gewellt an den Rändern von Feuer oder Alter
oder von Chemikalien, nein, ganz und gar nicht,
sondern weil, jenseits des Randes, unschuldig abwesend,
der Diener stand, der Viehhirt, die Magd, der Gärtner,
die Pächter, die guten Neger unten im Dorf,
ihre Münder in der Maulsperre verschwiegenen Schreis.
Ein Schrei, der die ganze Nacht die Türen in ein wildes
Schlagen versetzte, schwerere Wolken gebracht hätte,
mehr schwarzer Qualm denn Wolke, das Vieh erschreckte,
seine stieren Augen verkleinerten das Große Haus;
der sengende Wind eines Schreis,
der die Glühwürmchen zu löschen begann,
der die Wassermühle zu kreischendem Halt brachte,
da sie, mit uralt-pastoraler Stimme,
Kirchspiel Trelawny wiederholen wollte,
ein Wind, der, alles verwehend, nichts krümmte, weder
die Albumblätter noch die Limonenhaine;
er wehte das Kindermädchen zurück,
es schwebte in Weiß zunächst als eine Feder,
dann als ein chimärisch-chemischer Tupfer,
der die saufenden Herefords zu braunen Porzellan-
kühen auf der Fensterbank reduzierte,
Trelawny zitternd vor Dämmerung,
die versengten Weiden des alten gütigen Kustos;
er wehte weit weg die anständigen Diener,
den lebenslangen Koch weit weg,
und schrumpfte zur Scherbe jene uralte
Pastorale aus Dämmerung im goldgefaßten Rahmen,
in dem nun die Abendsonne sich fängt
in Jamaica, und eine aus zwei Epochen macht.

Strange, that the rancor of hatred hid in that dream
of slow rivers and lily-like parasols, in snaps
of fine old colonial families, curled at the edge
not from age or from fire or the chemicals, no, not at all,
but because, off at its edges, innocently excluded
stood the groom, the cattle boy, the housemaid, the gardeners,
the tenants, the good Negroes down in the village,
their mouths in the locked jaw of a silent scream.
A scream which would open the doors to swing wildly
all night, that was bringing in heavier clouds,
more black smoke than cloud, frightening the cattle
in whose bulging eyes the Great House diminished:
a scorching wind of a scream
that began to extinguish the fireflies,
that dried the water mill creaking to a stop
as it was about to pronounce Parish Trelawny
all over, in the ancient pastoral voice,
a wind that blew all without bending anything,
neither the leaves of the album nor the lime groves;
blew Nanny floating back in white from a feather
to a chimerical, chemical pin speck that shrank
the drinking Herefords to brown porcelain cows
on a mantelpiece, Trelawny trembling with dusk,
the scorched pastures of the old benign Custos; blew
far the decent servants and the lifelong cook,
and shriveled to a shard that ancient pastoral
of dusk in a gilt-edged frame now catching the evening sun
in Jamaica, making both epochs one.

Auf Wolken hinaus sah er von den Fenstern des Großen
Hauses, die noch den Ruch des Feuers an sich
hatten, sah die Botanischen Gärten mit Haltung ertrinken
in formeller Dämmerung, wo Gouverneure sich
ergingen, wo schwarze Gärtner über gleißenden Scheren
den Lilien der Schirme auf den schwebenden Rasenflächen
einst zulächelten, die Flammenbäume gehorchten
seinem Willen und schraubten ihre Dochte herab,
die Blumen ballten im Namen der Sparsamkeit
ihre Fäuste, die Porzellanlampen aus reifem Kakao,
der Magnolie Flamme, am gleichen Stromkreis wie die
behutsamen Ingwerlilien, verdunkelte sich
und ließ auf der Veranda eine einsame Blüte brennen,
und hätte seine Macht für jene Höhen gereicht,
der Sternapfel-Kandelaber, er hätte dem Himmel
zu schlafen befohlen, gesagt, ich bin müde,
das Sternenlicht bewahre für Siege, nicht leisten können
wir's uns, laß den Mond noch an eine Stunde,
das genügt. Wenn seine Macht, sein Mandat, auch reichte
von Mandarinenmorgen zu Sternapfelabenden,
den ewigen Schauer aus Staub konnt' er nicht hindern,
der zu grundsätzlicher Musik die Hütten der Armen
die Rinnen von Yallahs und August Town hinabspülte,
nur um die Zerlumpten auf Maca-Dornen zu betten,
von Kakteen, Dosen, alten Reifen und Pappe gekreuzigt;
von den schwarzen Warieka-Hügeln herüber glühte,
wie von Millionen Radiogeräten die Skalen,
durchdringend der Himmel, ein pulsierender,
ein glühender Sonnenuntergang, wie ein Grill, aus dem
der furchtbare Beat aufstieg aus Kingston, der Jukebox.
Die Quadrillen sah er eingetrocknet in Brunnen,
die Wassermusik der ländlichen Tänzer, Fiedler
wie Flöten beiseite gelegt. Heilen mußte er
diese Malariainsel in ihrem Bad aus Lorbeer-
blättern, ihre im Fieber sich wälzenden Wälder,
das ausgetrocknete Vieh, das wie Seilwinden stöhnte,
das Kopfschütteln des um seines Namens Erinnerung

He looked out from the Great House windows on
clouds that still held the fragrance of fire,
he saw the Botanical Gardens officially drown
in a formal dusk, where governors had strolled
and black gardeners had smiled over glinting shears
at the lilies of parasols on the floating lawns,
the flame trees obeyed his will and lowered their wicks,
the flowers tightened their fists in the name of thrift,
the porcelain lamps of ripe cocoa, the magnolia's jet
dimmed on the one circuit with the ginger lilies
and left a lonely bulb on the verandah,
and, had his mandate extended to that ceiling
of star-apple candelabra, he would have ordered
the sky to sleep, saying, I'm tired,
save the starlight for victories, we can't afford it,
leave the moon on for one more hour, and that's it.
But though his power, the given mandate, extended
from tangerine daybreaks to star-apple dusks,
his hand could not dam that ceaseless torrent of dust
that carried the shacks of the poor, to their root-rock music,
down the gullies of Yallahs and August Town,
to lodge them on thorns of maca, with their rags
crucified by cactus, tins, old tires, cartons;
from the black Warieka Hills the sky glows fierce as
the dials of a million radios,
a throbbing sunset that glowed like a grid
where the dread beat rose from the jukebox of Kingston.
He saw the fountains dried of quadrilles, the water-music
of the country dancers, the fiddlers like fifes
put aside. He had to heal
this malarial island in its bath of bay leaves,
its forests tossing with fever, the dry cattle
groaning like winches,the grass that kept shaking
its head to remember its name. No vowels left
in the mill wheel, the river. Rock stone. Rock stone.

ringenden Grases. Es sind keine Vokale geblieben
im Mühlrad, im Fluß. Felsiger, felsiger Stein.

Wie Wale rollten die Berge durch phosphoreszierende
Sterne, da, fadentief, wie ein Stein, er wankte,
von dem Magneten angezogen, der die halbe Welt
zwischen Stern und Stern hinabzieht, von der schwarzen Macht,
die von Schnee den Meuchelmörder träumen läßt,
die zum schlafenden Kind den Tyrannen stutzt.
Das Haus bewegt sich am Anker, doch als er fällt
ist sein Geist wie ein Mühlrad im Mondlicht,
und er hört im Schlaf seines Mondlichts die versunkene
Glocke der Kathedrale von Port Royal, sieht
die Kupferpfennige der Blasen steigen empor
aus grüner Freibeuter leeren Augenhöhlen,
sieht den Papageienfisch treiben von den zerrissenen
Schultern der Piraten, Seepferde ziehen Damen
in langen Kleidern mit in ihrer fließenden
Promenade über die moosgrünen Wiesen der See;
er hörte die ertrunkenen Chöre unter Palisados,
eine Hymne stieg auf von der Erde zum Himmel, verkehrt
vom Wasser, ein Krebs erklimmt den Kirchturm,
und er klomm aus dem Königreich untersee,
da die Abendlichter im Institut angingen,
die lampenbeleuchteten Gelehrten im eigenen Aquarium,
er sah sie bewegen ihre Münder wie Papageienfische,
da er aufstieg von jener Taufe, im Nachbeten der Geschichte,
wie Blasen die Ideen, die er nicht zerstören konnte:
Jamaica, besetzt durch Penn und Venables,
in einem furchtbaren Erdbeben versank Port Royal.

Vor den gleißenden Fassaden der Kathedralen
von Santiago bis Caracas, wo bußfertige Bischöfe
wuschen die Füße der Armen (ein Moment
in Klammern – er machte die Karibik zum Taufbecken,
machte Schmetterlinge zu Stein und weißte wie Tauben
die kreisenden Bussarde über der städtischen Müllhalde),

The mountains rolled like whales through phosphorous stars,
as he swayed like a stone down fathoms into sleep,
drawn by that magnet which pulls down half the world
between a star and a star, by that black power
that has the assassin dreaming of snow,
that poleaxes the tyrant to a sleeping child.
The house is rocking at anchor, but as he falls
his mind is a mill wheel in moonlight,
and he hears, in the sleep of his moonlight, the drowned
bell of Port Royal's cathedral, sees the copper pennies
of bubbles rising from the empty eye-pockets
of green buccaneers, the parrot fish floating
from the frayed shoulders of pirates, sea horses
drawing gowned ladies in their liquid promenade
across the moss-green meadows of the sea;
he heard the drowned choirs under Palisadoes,
a hymn ascending to earth from a heaven inverted
by water, a crab climbing the steeple,
and he climbed from that submarine kingdom
as the evening lights came on in the institute,
the scholars lamplit in their own aquarium,
he saw them mouthing like parrot fish, as he passed
upward from that baptism, their history lessons,
the bubbles like ideas which he could not break:
Jamaica was captured by Penn and Venables,
Port Royal perished in a cataclysmic earthquake.

Before the coruscating façades of cathedrals
from Santiago to Caracas, where penitential archbishops
washed the feet of paupers (a parenthetical moment
that made the Caribbean a baptismal font,
turned butterflies to stone, and whitened like doves
the buzzards circling municipal garbage),

man trug die Karibik wie ein elliptisches Becken
in den Händen von Meßknaben, und einem Volk wurde
eine Geschichte vergeben, die sie nicht begangen;
der Sklave vergab seiner Peitsche, die Landlosen
beteten den Rosenkranz der Inseln dreihundert Jahre,
eine Hymne, die hallte wie das Summen der See
in einer Seehöhle, da ihre Knie zu Stein wurden,
während Piratenkörper Wände schmolzen,
verkrustet mit stummen Schreien von La Revolución!
»San Salvador, bete für uns, St. Thomas, St. Domingo,
ora pro nobis, steh uns bei, Santa Lucia
ohne Augen«, und als der runde Kranz
die letzte schwarze Perle erreichte, St. Trinidad,
begannen sie von vorn, in den Stein die Knie gebohrt,
wo Colón einmal begann, St. Salvadors Perle,
Perlen schwarzer Kolonien am Hals der Indianer.
Und da sie beteten um ein Wirtschaftswunder,
bildete Krebs sich auf städtischen Porträts,
Hotels wurden hochgezogen, Bordelle und Kasinos
und die Tabak-, Zucker- und Bananenimperien,
bis eine schwarze Frau, verhüllt wie ein Bussard,
die Treppe emporstieg und klopfte an der Tür
seines Traumes, Flüstern im Ohr, dem Schlüsselloch:
»Laß mich ein, ich habe genug gebetet, ich bin
die Revolution, das dunklere, ältere Amerika.«

Sie war schön wie ein Stein im Sonnenaufgang,
die Gutturale in ihrer Stimme von Maschinengewehren
über khakifarbenen Wüsten, wo die Kaktusblumen
wie Granaten explodieren, die aufgeschlitzte
Kehle eines Indianers war ihr Geschlecht,
den blauschwarzen Schimmer der Krähe hatte ihr Haar.
Sie war ein schwarzer Schirm, umgestülpt
vom Wind der Revolution, La Madre Dolorosa,
eine schwarze Rose der Trauer, ein schwarzes Bergwerk
des Schweigens, vergewaltigte Frau, leere Mutter,
Aztekenjungfrau, Pfeile von tausend Gitarren

the Caribbean was borne like an elliptical basin
in the hands of acolytes, and a people were absolved
of a history which they did not commit;
the slave pardoned his whip, and the dispossessed
said the rosary of islands for three hundred years,
a hymn that resounded like the hum of the sea
inside a sea cave, as their knees turned to stone,
while the bodies of patriots were melting down walls
still crusted with mute outcries of La Revolución!
"San Salvador, pray for us, St. Thomas, San Domingo,
ora pro nobis, intercede for us, Sancta Lucia,
of no eyes," and when the circular chaplet
reached the last black bead of Sancta Trinidad
they began again, their knees drilled into stone,
where Colón had begun, with San Salvador's bead,
beads of black colonies round the necks of Indians.
And while they prayed for an economic miracle,
ulcers formed on the municipal portraits,
the hotels went up, and the casinos and brothels,
and the empires of tobacco, sugar, and bananas,
until a black woman, shawled like a buzzard,
climbed up the stairs and knocked at the door
of his dream, whispering in the ear of the keyhole:
"Let me in, I'm finished with praying, I'm the Revolution.
I am the darker, the older America."

She was as beautiful as a stone in the sunrise,
her voice had the gutturals of machine guns
across khaki deserts where the cactus flower
detonates like grenades, her sex was the slit throat
of an Indian, her hair had the blue-black sheen of the crow.
She was a black umbrella blown inside out
by the wind of revolution, La Madre Dolorosa,
a black rose of sorrow, a black mine of silence,
raped wife, empty mother, Aztec virgin
transfixed by arrows from a thousand guitars,
a stone full of silence, which, if it gave tongue

spießten sie auf, ein Stein voller Schweigen,
könnte von den Foltern im Namen des Vaters er sprechen,
es würde stocken das Blut des reißenden Wolfes,
die Quelle von Generalen, Poeten und Krüppeln, bei jeder
Revolution tanzten unbeweglich sie über
ihre eigenen Gräber: die Zähne von Maschinengewehren
stichelten ihren Kaiserschnitt, und jeden
Abend trug sie der Karibik elliptische Schale,
wie einst sie das Bußtuch getragen hatte,
den Diktatoren zum Fußbad: Trujillo, Machado
und jenen, deren Gesichter wie Plakate vergilbt sind an
   städtischen
Mauern. Sie streichelte sein Haar jetzt, bis weiß es wurde,
aber verstehen konnte sie nicht, daß keine Macht
er wollte, als den Frieden, eine Revolution ohne Blut,
er wollte Geschichte ohne Erinnerung,
Straßen ohne Statuen
und eine Geographie ohne Mythos. Außer Regimentern
von Bananen wollte er keine Armee, dicke
Zuckerrohrlanzen, und er schluchzte,
»Machtlos bin ich, bis auf die Liebe«.
Sie zog sich zurück von ihm, denn er konnte nicht töten;
sie schnurrte zusammen zu einer Fledermaus,
die bei Tag und bei Nacht in seinem Hinterkopf hing.
In seinem Traum stand er auf.

Die Seele, sie war schmal wie seines Körpers
Reflektion und unverwundbar,
ohne ihre Uhr verlor sie den Lauf der Zeit;
die Bergpfade der Maroons lief sie entlang,
mit Gordon baumelte sie vom quietschenden Galgen,
sie kaufte Tüten Pfefferminz und Nüsse
von Mammies mit Bandannas vor der Anstalt,
sie hörte seinen Atem im Einklang mit dem Laut
der Karren von Erdnußverkäufern, sie verschmolz mit einer
städtischen Wand und störte Slogans auf,
die seinen Namen kreischten: RETTER! und andere:

to the tortures done in the name of the Father,
would curdle the blood of the marauding wolf,
the fountain of generals, poets, and cripples
who danced without moving over their graves
with each revolution; her Caesarean was stitched
by the teeth of machine guns, and every sunset
she carried the Caribbean's elliptical basin
as she had once carried the penitential napkins
to be the footbath of dictators, Trujillo, Machado,
and those whose faces had yellowed like posters
on municipal walls. Now she stroked his hair
until it turned white, but she would not understand
that he wanted no other power but peace,
that he wanted a revolution without any bloodshed,
he wanted a history without any memory,
streets without statues,
and a geography without myth. He wanted no armies
but those regiments of bananas, thick lances of cane,
and he sobbed, "I am powerless, except for love."
She faded from him, because he could not kill;
she shrank to a bat that hung day and night
in the back of his brain. He rose in his dream.

The soul, which was his body made as thin
as its reflection and invulnerable
without its clock, was losing track of time;
it walked the mountain tracks of the Maroons,
it swung with Gordon from the creaking gibbet,
it bought a pack of peppermints and cashews
from one of the bandanna'd mammies outside the ward,
it heard his breath pitched to the decibels
of the peanut vendors' carts, it entered a municipal wall
stirring the slogans that shrieked his name: SAVIOR!
and others: LACKEY! he melted like a spoon

LAKEI! er sank wie ein Löffel durch die Alphabetsuppe:
CIA, PNP, OPEC, die ruhig sich wieder setzte,
wenn mit seinen Gedanken er sie durchzogen hatte:
Ich hätte wissen sollen von jenen Seraphen
mit Stacheldrahthaar, Bärten wie zerrissene Matratzen
und wilden Granataugen, an der Brust die koptische Bibel,
die Josua mich nannten und von ihm bis Mittwoch
die Zerstörung Babylons wollten, nach dem Fall
von Jericho; ja, ja, die berechnende Bitterkeit
der Reichen hätte ich sehen müssen,
die Geld mir nicht ließen, aber diese Mandate:

Sein Mandat der Luft, es enthielt
das Kreisen der Krähen, es war
sein Trauring, der ihn seiner Insel verband.
Sein Wassermandat, das waren
die Fischereirechte, die wie Seide
der Hai mit seinen Fängen zerschnitt
zwischen Key West und Havanna;
Sein irdisches:
die ausgebluteten Hügel, rostig vor Bauxit;
paradiesisch:
Schornsteine wie Engel, in Aluminium gehüllt.
In Form einer Wolke
sah er das Gesicht seines Vaters,
verweht wie weiße Zirruswolken das Haar
in einem photographischen Wind,
zugeschreckt der Mahagonimund,
lidverhangen die Augen, ergeben
in den ersten Kompromiß,
das letzte Ultimatum,
das erste und letzte Referendum.

Eines Morgens wurde die Karibik zerteilt
durch sieben Premierminister, sie kauften sie in Posten –
eintausend Meilen Aquamarin, von Spitze umsäumt,
eine Million Yards limonenfarbene Seide,

through the alphabet soup of CIA, PNP, OPEC,
that resettled once he passed through with this thought:
I should have foreseen those seraphs with barbed-wire hair,
beards like burst mattresses, and wild eyes of garnet,
who netled the Coptic Bible to their ribs, would
call me Joshua, expecting him to bring down Babylon
by Wednesday, after the fall of Jericho; yes, yes,
I should have seen the cunning bitterness of the rich
who left me no money but these mandates:

His aerial mandate, which
contained the crows whose circuit
was this wedding band that married him to his island.
His marine mandate, which
was the fishing limits
which the shark scissored like silk with its teeth
between Key West and Havana;
his terrestrial:
the bled hills rusted with bauxite;
paradisal:
the chimneys like angels sheathed in aluminium.
In shape like a cloud
he saw the face of his father,
the hair like white cirrus blown back
in a photographic wind,
the mouth of mahogany winced shut,
the eyes lidded, resigned
to the first compromise,
the last ulitmatum,
the first and last referendum.

One morning the Caribbean was cut up
by seven prime ministers who bought the sea in bolts –
one thousand miles of aquamarine with lace trimmings,
one million yards of lime-colored silk,

eine Meile violetten, Meilen wolkigen Satin –,
zu angemessenerem Preis verkauften sie's weiter
an dieselben Konglomerate, Pächter der Wasserhosen
auf neunundneunzig Jahre, im Tausch für fünfzig Schiffe,
die die Ballen verscherbelten an Minister,
die nur ein Bankkonto besaßen, die sie wiederverkauften
als Werbung für die Karibische Wirtschaftsgemeinschaft,
bis einen Zipfel der See ein jeder sein eigen nannte,
manche machten Saris daraus, manche Bandannas;
auf Tabletts wurde der Rest angeboten
weißen Kreuzfahrtschiffen, höher als das Postamt;
in den Kabinetten begannen darauf die Hahnenkämpfe
darum, wer denn als erster das Archipel
für diese Kettenläden aus Inseln verkaufte.

Ein Granatbaum war jetzt sein Sternapfelreich,
über brachen Weiden flogen seine Krähen Patrouille,
er fühlte seine Faust sich unwillkürlich versteifen
zu einer Kralle, die fünf Tauben erwürgte,
bleiern ragten die Berge unter dem Kriegsrecht,
weiß in Vorstadtgärten blühte die Paranoia
nahe den Bougainvilleas des erstaunten April;
die Gerüchte, ein Regen, der fallen nicht wollte:
der gegnerische Geheimdienst hatte die zitternden Fühler
der Schaben verständigt, daß Fledermäuse, Kurieren
gleich, Geheimnisse zwischen den Botschaften sendeten
über Skalen in den Lagerräumen, die Agenten
erwarteten einen Flintenschuß aus Havanna;
eine Phalanx Yamahas auf den Straßen röhrte
vorbei an geschlossenen Läden. Sie hinterließen
ein Loch im Himmel, der das Schweigen verschloß.

Er hörte nicht das Röhren der Motorräder
fortkreisen in Wellen wie jene der Wassermühle
in ferner Kindheit; er war ertrunken in Schlaf;
ohne zu träumen, schlief er den Schlaf nach der Liebe
in der Nacht mineraler Bewußtlosigkeit,

one mile of violet, leagues of cerulean satin —
who sold it at a markup to the conglomerates,
the same conglomerates who had rented the water spouts
for ninety-nine years in exchange for fifty ships,
who retailed it in turn to the ministers
with only one bank account, who then resold it
in ads for the Caribbean Economic Community,
till everyone owned a little piece of the sea,
from which some made saris, some made bandannas;
the rest was offered on trays to white cruise ships
taller than the post office; then the dogfights
began in the cabinets as to who had first sold
the archipelago for this chain store of islands.

Now a tree of grenades was his star-apple kingdom,
over fallow pastures his crows patrolled,
he felt his fist involuntarily tighten
into a talon that was strangling five doves,
the mountains loomed leaden under martial law,
the suburban gardens flowered with white paranoia
next to the bougainvillaeas of astonishing April;
the rumors were a rain that would not fall:
that enemy intelligence had alerted the roaches'
quivering antennae, that bats flew like couriers,
transmitting secrets between the embassies;
over dials in the war rooms, the agents waited
for a rifle crack from Havana; down shuttered avenues
roared a phalanx of Yamahas. They left
a hole in the sky that closed on silence.

He didn't hear the roar of the motorcycles
diminish in circles like those of the water mill
in a far childhood; he was drowned in sleep;
he slept, without dreaming, the sleep after love
in the mineral oblivion of night

nach Kakao duftet ihr Fleisch, ihr Atem nach Ingwer,
ihre Tressen duften wie das Grün der Süßkartoffel
im scharfen Sonnengeruch der Furchen.
Er schlief den Schlaf, der Geschichte löscht,
er schlief wie die Inseln am Busen der See,
in ihrem Sternapfelreich ist er wieder ein Kind.

Morgen würde wie Nägel die See wieder glänzen
unter zinnenem Himmel, wo die Frangipani
gehämmert wurde, am Horizont keine Schiffahrtslinien;
morgen würden die schweren Wolkenkaravellen
zerschellen und schäumend sinken an den Riffen
der Berge, morgen würde ein Eselsgähnen
entzwei den Himmel sägen, und bei Anbruch
des Tages das Geräusch einer bergauf keuchenden Regierung.
Jetzt aber hielt sie ihn wie uns alle,
ihre geschichtsverwaisten Inseln, sie,
die wir spät als unsere Muse, unsere Mutter
erkannten, sie säugte die Inseln, sie, wenn sie
alt wird, mit Brüsten wie Auberginen so runzlig,
ist die Stirnbandmutter, die Gebleichte-Wäsche-auf-den-
    Flußsteinen-Mutter,
die Gospel-Mutter, die Dankschön-Pastor-Mutter,
die Mahagoni wird, die *lignum-vitae*-Mutter,
ihre Söhne wie Dornen,
wie trockene Rinnen ihre steingebärenden Töchter,
in unserer Kindheit war sie die Magd und die Köchin,
die junge Großmutter beim Putzen der Gipsstatue
der Klio, Muse der Geschichte, in ihrer Grotte
aus Seemuscheln im Empfangszimmer des Großen Hauses,
Anadyomene gewaschen im tiefen Schwellen
des Atlantik in der Hymne ihrer Hausmagd.

Am Indigomorgen öffneten ihre Fäuste die Palmen,
seine Augen öffneten die Blumen, und er lag so still
wie das trockene Mühlrad. Der Sonne Zündschnur fing Feuer,

whose flesh smells of cocoa, whose teeth are white
as coconut meat, whose breath smells of ginger,
whose braids are scented like sweet-potato vines
in furrows still pungent with the sun.
He slept the sleep that wipes out history,
he slept like the islands on the breast of the sea,
like a child again in her star-apple kingdom.

Tomorrow the sea would gleam like nails
under a zinc sky where the barren frangipani
was hammered, a horizon without liners;
tomorrow the heavy caravels of clouds would wreck
and dissolve in their own foam on the reefs
of the mountains, tomorrow a donkey's yawn
would saw the sky in half, and at dawn
would come the noise of a government groaning uphill.
But now she held him, as she holds us all,
her history-orphaned islands, she to whom
we came late as our muse, our mother,
who suckled the islands, who, when she grows old
with her breasts wrinkled like eggplants
is the head-tie mother, the bleached-sheets-on-the-river-rocks
    mother
the gospel mother, the t'ank-you-parson mother
who turns into mahogany, the lignum-vitae mother,
her sons like thorns,
her daughters dry gullies that give birth to stones,
who was, in our childhood, the housemaid and the cook,
the young grand' who polished the plaster figure
of Clio, muse of history, in her seashell grotto
in the Great House parlor, Anadyomene washed
in the deep Atlantic heave of her housemaid's hymn.

In the indigo dawn the palms unclenched their fists,
his eyes opened the flowers, and he lay as still
as the waterless mill wheel. The sun's fuse caught,

sie zischte am Rand des Himmels, und der Tag detonierte
in seine grausame Lawine aus Karren und Flüchen,
der röhrende Ofen von Kingston, der Himmel so grell
wie die Blechkiste auf einem Pfannkuchenwagen. Unten,
bei den Docks, zwischen den levantinischen Gerüchen der Schuppen,
schnüffelte der Wind, wie nasses Hundefell
sein Geruch. Er aber wusch sich schäumend
in Wut und frischte auf seine Liebe.

Schäumend wie ein Pferd war er, aber im Moment,
da die Dusche ihn krönte, die Augen er schloß,
war unter Spitzen er eine Braut in erneuter
Vermählung mit seinem Land, ein Kind, angezogen
vom Röhren der Wähler des Mühlrads, jene Schwüre
bestätigt; er zog sich an und ging zum Frühstück,
saß wieder an der Mahagonioberfläche
des Frühstückstisches mit seiner schwarzen Haut
glänzend wie Stuten, sah seines Vaters Gesicht
mit seinem eigenen dort vermischt und sah
hinaus auf den trocknenden Garten, den leckenden Teich.

Was war die Karibik? Eine grüne Tümpeldecke
hinter den Groß-Haus-Säulen von Whitehall,
hinter Washingtons griechischen Fassaden,
wo Frösche aufgeblasen hocken
auf Wasserlilienblättern wie Inseln,
wie Inseln, die wie Schildkröten so traurig
sich paarten und Inselchen zeugten, so wie
die kubanische Schildkröte Jamaica bestieg
und die Caymans zeugte, wie hinter Haiti-
San Domingo, der Hammerkopfschildkröte,
von Tortuga bis Tobago die kleinen
Schildkröten ziehen; er folgte dem schwankenden
Zug der Schildkröten, der Amerika verließ
in Richtung des offenen Atlantik, fühlte
sein eigenes Fleisch wie schwangere Strände voll

it hissed on the edge of the skyline, and day exploded
its remorseless avalanche of dray carts and curses,
the roaring oven of Kingston, its sky as fierce
as the tin box of a patties cart. Down the docks
between the Levantine smells of the warehouses
nosed the sea wind with its odor of a dog's damp fur.
He lathered in anger and refreshed his love.

He was lathered like a horse, but the instant
the shower crowned him and he closed his eyes,
he was a bride under lace, remarrying his country,
a child drawn by the roars of the mill wheel's electorate,
those vows reaffirmed; he dressed, went down to breakfast,
and sitting again at the mahogany surface
of the breakfast table, its dark hide as polished
as the sheen of mares, saw his father's face
and his own face blent there, and looked out
to the drying garden and its seeping pond.

What was the Caribbean? A green pond mantling
behind the Great House columns of Whitehall,
behind the Greek façades of Washington,
with bloated frogs squatting on lily pads
like islands, islands that coupled as sadly as turtles
engendering islets, as the turtle of Cuba
mounting Jamaica engendered the Caymans, as, behind
the hammerhead turtle of Haiti-San Domingo
trailed the little turtles from Tortuga to Tobago;
he followed the bobbing trek of the turtles
leaving America for the open Atlantic,
felt his own flesh loaded like the pregnant beaches
with their moon-guarded eggs – they yearned for Africa,
they were lemmings drawn by magnetic memory
to an older death, to broader beaches

mit mondbewachten Gelegen – sie sehnten sich
nach Afrika, Lemminge, hingezogen vom
Gedächtnismagneten zu älterem Tod,
zu breiteren Stränden, wo das Belfern der Löwen
in den Brechern verstummte. Ja, verstehen
konnte er ihren naturgegebenen Drang,
aber sie würden ertrinken, von Seeadlern umkreist
und Fregattvögeln, die ohne Flügelschlag gleiten,
und er schloß die Augen und fühlte sein Kinn
wieder sinken unter dem Gewicht des stillen Schreis.
Mit dem Zorn der Liebe schrie er den Schildkröten
wie Kindern; es war derselbe Schrei,
der eine Epoche verkehrte in seiner Kindheit,
der die Blätter des Sternapfelkönigreichs
verdrehte, der Ströme bergauf rauschen ließ,
der Wasserräder rückwärts drehte,
wie Räder in einem Film, und bei diesem
Schrei aus den wunden Seilen und Sehnen
seiner Kehle schwanden die Bussarde, schwanden
zu Punkten, und der Fischadler drehte ab.

   Auf den Stufen der verkrusteten
Kathedrale, von Knien ausgehöhlt, war in Schwarz
eine Frau (jene, die in seines Ohres
Schlüsselloch flüsterte), im Schwarz mondloser
Nächte, ihre Augen durchschienen Meere,
sternenbeleuchtet, wie das Blitzen von Messern;
sie wusch die Stufen, und sie war es,
sie hörte seinen Schrei als erste. Sie war
eine aus dem fließenden schwarzen Fluß
von Frauen, die elliptische Schalen am Tage
der Dornen zu den Füßen der Armen trugen,
die während eines Sonnenaufgangs Pastorale
Milcheimer zu Kühen trugen, die Körbe
auf ihren Köpfen trugen aus Haitis Hügeln,
wie Bluter rot, jetzt aber tropft
in ihren harten Händen der ausgewrungene
Lappen, wie Essig einst aus dem Schwamm,

where the coughing of lions was dumbed by breakers.
Yes, he could understand their natural direction
but they would drown, sea eagles circling them,
and the languor of frigates that do not beat wings,
and he closed his eyes, and felt his jaw drop
again with the weight of that silent scream.
He cried out at the turtles as one screams at children
with the anger of love, it was the same scream
which, in his childhood, had reversed an epoch
that had bent back the leaves of his star-apple kingdom,
made streams race uphill, pulled the water wheel backwards
like the wheels in a film, and at that outcry,
from the raw ropes and tendons of his throat,
the sea buzzards receded and receded into specks,
and the osprey vanished.
      On the knee-hollowed steps
of the crusted cathedral, there was a woman in black,
the black of moonless nights, within whose eyes
shone seas in starlight like the glint of knives
(the one who had whispered to the keyhole of his ear),
washing the steps, and she heard it first.
She was one of a flowing black river of women
who bore elliptical basins to the feet of paupers
on the Day of Thorns, who bore milk pails to cows
in a pastoral sunrise, who bore baskets on their heads
down the haemophilic red hills of Haiti,
now with the squeezed rag dripping from her hard hands
the way that vinegar once dropped from a sponge,
but she heard as a dog hears, as all the underdogs
of the world hear, the pitched shriek of silence.
Star-apples rained to the ground in that silence,
the silence was the green of cities undersea,
and the silence lasted for half an hour
in that single second, a seashell silence, resounding
with silence, and the men with barbed-wire beards saw
in that creak of light that was made between
the noises of the world that was equally divided

aber sie hörte, wie ein Hund hört, wie alle
Unterdrückten der Welt hören, den schrillen
Schrei des Schweigens. Sternäpfel regneten
herab in jenem Schweigen, das Schweigen
war das Grün von Städten untersee, und das Schweigen
dauerte eine halbe Stunde in dieser
einen Sekunde, ein Meermuschelschweigen,
es echote Schweigen, und die Männer mit Bärten
wie Stacheldraht sahen in jenem Knarren
des Lichts zwischen den Geräuschen der Welt, die gleich
geteilt war zwischen Arm und Reich und zwischen
Nord und Süd, zwischen Weiß und Schwarz,
zwischen zwei Amerikas, den Feldern schweigenden
Zions im Kirchspiel Trelawny, im Kirchspiel
St. David, im Kirchspiel St. Andrew, Blätter
tanzen wie Kinder ohne jeglichen Laut
im Tal von Tryall, und weiß und still
im Sternapfelkönigreich das Röhren
des alten Mühlrads; und das Gesicht der Frau,
wäre auf dieser pergamentenen Karte,
so geriffelt mit Runzeln, zu entziffern ein Lächeln,
hätte dasselbe Lächeln zur Schau getragen
wie er, mit dem er den Tag nun anbrach
und sein Ei zu essen begann.

between rich and poor, between North and South,
between white and black, between two Americas,
the fields of silent Zion in Parish Trelawny,
in Parish St. David, in Parish St. Andrew,
leaves dancing like children without any sound,
in the valley of Tryall, and the white, silent roar
of the old water wheel in the star-apple kingdom;
and the woman's face, had a smile been decipherable
in that map of parchment so rivered with wrinkles,
would have worn the same smile with which he now
cracked the day open and began his egg.

Das glückliche Geschick des Reisenden
(The Fortunate Traveller)
1981

Hinterland

Immer wieder versucht eine Klinge kalter Luft,
das Busfenster aufzustemmen. Das Frühlingsland
läßt sich nicht aussperren. Die Klotür
schlägt wieder und wieder. Wir sind nur wenige:
eine Frau, matt-betrunken oder bekifft,
in zerrissenen Jeans, ein spanisch-amerikanischer
Reisender und, vorn, eine Schwarze, vermummt.
Leere schafft eine gesellige Aura
durch die Dörfer im Norden – immer gleich,
aber wichtig in den kleinen Unterschieden
der Felder, weiter Höfe mit Wäsche, alten Geräts – wo
    Menschen leben
mit der Straße Geduld und flacher Gewißheit.

Manchmal fühl ich mich manchmal
verlassen die Musen, die Musen verlassen Amerika.
Ihre müden Gesichter sind müde der Eisenfelder,
ihre Höhlungen singen die Gruben Appalachias;
sie sind Bergmannsfrauen, kreidedünn mit knotigen
    Ellenbogen,
die Sehnen am Hals gespannt wie Banjosaiten,
sie, einmal gefleckte Palominos mit Mädchenmähnen,
galoppierten plinke-di-plank über blaue Weiden,
spähten in baumerstarrte Sommerseen,
als die komischen Kalender alle Wahrheit waren.
Die Abfahrt überkommt mich als Rauch
von den fernen Fabriken.

Aber wären die Weidenlyren, die gekappten, gefächerten
    Weiden
mit klarer Übersetzung des Wassers in Lieder,
wären die Spatzen herzzerrissen wie Nachtigallen,
deren Trauer das nahe Gewitter auftürmt

über den Catskills, was wäre ihr Thema?
Die Frühlingshügel sind sonnenfleckig, die keuschen weißen
   Scheunen blitzen
durch schirmende Blätter die Kraft ihrer Träume,
wie eine weiße Brücke aus Brettern über quengelndem Bach.
Klare Bilder! Direkt wie eurer Töchter
klare Blicke euer Starren erwidern,
unwiderleglich und tödlich –
nein, sie sind sinnlicher.
Ich verliebe mich in Amerika.

Ich muß die kalten kleinen Steine der Quelle
auf meine Zunge legen, um ihre Sprache zu lernen,
um gewiß wie Esche und Birke zu sprechen.
Ich werde an die verwitwete Tür
eines dieser Dörfer klopfen,
wo sie mich einlassen, wie weite Wiesen,
wie blaue Leeren zwischen Bergen,
und werde ihre Arme halten an zerbrochenen Ellenbogen,
das feuchte Haar streichen aus Stirnen
warm wie Brot oder Heimkehr.

Nord und Süd

Nun, da Venus aufgeht – steter Stern,
der Übersetzung überlebt, falls man diese Lampe
den Planeten nennen kann, der über Indigo-Inseln besticht –
trotz kritischer Sandmücken nehme meine Rolle ich an
als kolonialer Parvenü am Ende eines Imperiums,
ein einzelner heimatloser Satellit im Umlauf.
Ich kann dem gutturalen Todesrasseln lauschen,
bei Ebbe dem Brüllen der Legionen auf
dem Rückzug vom Raj, vom Reich, sehe den Vollmond
aufgehen wie eine weiße Fahne über Fort Charlotte,
den Sonnenuntergang erschlaffen wie die Fahne.

Gut, daß alles fort ist, außer ihrer Sprache,
die alles ist. Und kindische Rache mag es sein,
angesichts der Überhebung von Imperien, den Wurm zu hören,
der zu Korallen ihre feierlichen Säulen nagt,
über Atlantis zu tauchen, durch eine Maske
Sidon bis zu den Fenstern im Sand zu sehen,
Tyrus, Alexandria, ihre Seetangtürme durch ein Boot
mit Glasboden, poröse Parthenonstücke zu kaufen
von einem Fischer in Tobago, aber die Angst ist da,
Delenda est Carthago am rosa Horizont,

und die Nebenstraßen von Manhattan sind salzbesät,
da im Norden alle auf den weißen Glast
des Infernos weißer Rose warten, alle Hauptstädte
der Welt. Hier, in Manhattan, leb ich
eng und kalt, die Sohlen starr vor Eis
trotz wollener Socken: im eingezäunten Hof
ertragen verbissen Bäume den Februarwind,
der Eisenboden birgt einige Freunde.
Selbst wenn mit seinem Nagelregen Frühling
kommt und Eisesschmutz in schwarze Lachen

trieft, wird die Welt älter, um eine
Jahreszeit, doch weiser nicht sein.

Papierfetzen um den Bronzegeneral
vom Sheridan Square, Silben nordischer Zungen
(wie eine Obeah-Priesterin Mehl auf die Schwelle streut,
das Böse zu bannen, war Karthago salzbesät);
die Flocken fallen wie eine gemeinsame Sprache
mir auf Nase und Lippen, und Reime reifen am Mund
eines zitternden Exilanten aus afrikanischer Provinz;
ein Mottensturm umschwirrt die gelöschte Lampe
des Generals, zuckrige Insekten zerknirschen unter dem Schritt.

Du ziehst durch lange Nachmittage, wo Tod
ein Taxi bestieg, zu einer Freundin sich setzte,
oder ein Rasiermesser weiterreichte, oder »Pardon«
flüsterte hinter ihrem Husten in einem Restaurant
mit Würfelmuster – ich denk an ferneres Exil
als jedes Land. Und in diesem Herz der Finsternis
kann ich nicht glauben, daß sie über Pfosten sprechen
nächst wackligen Bananenzäunen oder
daß die Meere warm sein können.

Wie weit bin ich vom Stimmgewirr der Seehäfen,
erbaut um den einzigen Ausruf einer Statue
der Victoria Regina! Dort bewegen sich Geier
auf dem Dach des roteisernen Marktes, dessen *patois*
wie Schiefer spröde ist, grau-gefleckter Stein mit Quarz.
Ich ziehe des Unwissens salzene Frische vor,
da Sprache auf den Töpfen dieser gekochten Kultur verkrustet
und schwarz wird, weil sie einer rohen entstammt;
und heute in Bücherläden stehe gelähmt ich

vor den Regalreihen, aus deren hölzernen Zweigen
die Freiversnachtigallen trillern: »Lies mich!
Lies mich!« in verschiedenen Metren asthmatischen Schmerzes;
oder mich schaudert vor den tönenden Monstern, da Schnee

in weißen Wörtern auf die achte Straße fällt,
jene Gewaltgeister, wie alte Eber brachen sie
durch Widersprüche, wie ein altes Tarpon,
starrend vor alten Haken, oder ein alter Hirsch,
von Kritikern im Zwielicht an den Rand einer Klippe gekläfft,

wie ein Hutständer der Ausruf seines Geweihs,
an den sie Thesen hängen. Ich bin der Wörter
müde, der taxidermisch bereiteten Kultur,
eine flohverseuchte Couch, die Literatur.
Europa denk ich als Stopfen Herbstblätter im Fallrohr,
wie ein Gedankenpfropfen in der Kehle einer alten Frau.
Doch einem Konsul in schneeweißen Hosen war sie Heimat,
der seinen Dienst ableistete in afrikanischen Provinzen,
der Briefe wie diesen heimschrieb und Malaria fürchtete,
wie ich den dunklen Schnee, der Regenspeere sah

marschieren, eine römische Legion in den Sümpfen.
Also wurde das Leben wieder Exil,
es trösten weder Bücher, Arbeit, Musik noch eine Frau,
und ich bin's müde, durch braunes Gras zu stapfen,
mit fremdem Namen, in eine steinerne Gasse,
und ich muß zurück zur Straße, zum Winterverkehr,
und anderen, gewiß im Dunkel ihrer Absicht,
ich liege auf kalter Couch unter einer Decke,
fühle in den Knochen die Grippe wie eine Laterne.

Unter dem blauen Winterhimmel Virginias
blasen Rauchweiß Kamine durch Lindenskelette,
da ein Köter Haufen blutrostiger Blätter aufstört;
ihrem Treblinka hier ist kein Denkmal gesetzt –
da ein Wagen Laibe fleischwarm von den Öfen
liefert, kreischen die Bremsen harsch wie das
viereckige Rad eines Hakenkreuzes. Der Wahnsinn
der Geschichte verschleiert die klarste Luft noch,
der elend-süße Geschmack von Asche, von Brand.

Und wenn man auf schleppend sich windende Aussprache trifft,
treten schlangengleich die Reflexe zur Seite
mit der paranoiden Furchtsamkeit des Opfers.
Die Geister weißhemdiger Reiter treiben durch die Bäume,
der galoppierende hysterische Horror meiner Rasse –
wie jedes Kind der Diaspora erinnere ich's,
da eben die Flocken Sheridans Schultern weißen,
erinnere, wie einmal ich ins Gesicht meiner Tante blickte,
winterblaue Augen, rostiges Haar, und dachte,

vielleicht sind wir teils jüdisch, und fühlte
eine Ader durch diese Erde gehen, die sich
als Faust um eine alte Wurzel wand,
und wünschte mich den Rassen zugehörig,
die sie fürchten und hassen, nicht hassend und fürchtend.
Über Waldgrate, blassem Gras, Skelettbäumen
bläst der Kamin ruhig etwas von Schubert –
wie ein Geist aus Rauch, weil jemand verbrennt –
mein unwillkürlicher Aufschrei ädert die Luft.

Vor Knospen sind die Winterzweige hohl,
aus Feldern des März wird Krokus explodieren,
Bataillone im Oliv der Sommerwälder
werden antworten dem Wind mit Befehlen. Dem Soldaten
ist kriegerisch der Jahreszeiten Polumrundung,
sind die Herbstmassaker mit Schnee verhüllt,
da weiß der Winter wird, wie's Veteranenkrankenhaus.
Etwas zittert außer Kontrolle im Blut –
viel tiefer noch als unsere flüchtigen Fieber.

Einen alten Mann in einem alten Mantel
der Union gibt's auch in den Wäldern Virginias;
er geht zur Musik der raschelnden Blätter, und wenn
das Wechselgeld in der Kleinstadtapotheke ich
mir nehme, dann scheuen der Kassiererin Fingerspitzen
meine Hand, als ob sie die ihre versenge –
nun ja, *je suis un singe*, vom Zigeunerstamm

frenetisch-melancholischer Primaten, die für euch
Musik spielten, während vieler Monde mehr
als alle Silberdollar in der Kasse.

Karte der neuen Welt

(1) Archipele

Am Ende dieses Satzes wird es Regen setzen.
Am Rande des Regens ein Segel.

Langsam wird das Segel Inseln nicht mehr sehen;
in den Dunst wird der Glaube an Häfen
einer ganzen Rasse gehen.

Der zehnjährige Krieg ist beendet.
Helenas Haar, eine graue Wolke.
Troja, weiße Aschgrube
an drieselnder See.

Das Drieseln spannt sich wie Harfensaiten.
Mit wolkenweißen Augen ergreift ein Mann den Regen
und zupft die erste Zeile der *Odyssee*.

(2) Die Bucht

Halle sie wider, schwelle: die Isolde-Legende
in schläfrigen Explosionen deiner Brandung.
Ich schmuggelte, in gebleichtem Kiel zur Küste rauschend,
zu weißem Sand, bewacht vom harten Manzinellabaum
ein Geheimnis;
der Schatten des Fregattvogels liest es.

Diese Bucht ist ein Ofen.
Die Blätter blitzen den Wellen Silbersignale.
Fern des Fluches einer Regierung durch Rasse,
blättre ich um – zersetzender Fehler des Buches –,
ihre Zöpfe aus Meeresdunst auf meinem Gesicht zu spüren,
Salzgeschmack vom Munde des Windes zu fangen.

(3) Seekraniche

»Nur in einer Welt mit Kranichen und Pferden«,
schrieb Robert Graves, »kann Dichtung überleben.«
Oder kundige Ziegen auf Felsen. Das Epos
folgt dem Pflug, das Metrum dem Schlag auf den Amboß;
es deutet Prophetie die Zeichen der Störche, und Ehrfurcht
den Nackenbogen des Hengstes.

Die Flamme hat der Zypresse verkohlten Docht verlassen;
das Licht wird einfangen nun diese Inseln.

Erhabene Fregattvögel weihen die Dämmerung ein,
sie blitzt durch die schlagenden Schwänze von Pferden,
durch ihre steinigen Weiden.
Von der Landspitze behauenem Amboß
senkt sich die Gischt in Sternen.

Großzügiger Ozean, weise den Wanderer
von seinen salzigen Decken, den Verlorenen,
den die tiefen Tröge des schweinschwarzen Tümmlers locken.

Herum das Herzenssteuer, hier die Stirn.

Europa

So ungestüm der Mond, die schraffierten Schatten
der Kokosnüsse kann ich auf Bungalows zählen,
ihre weißen Wände toben vor Schlaflosigkeit.
Auf die Zinnteller der Seemandeln tropfen gemächlich
die Sterne, und die höhnenden Wolken sind leuchtend
zerknautscht wie das Bettzeug. Die unersättlich-wahllose
Brandung stöhnt durch die Wände. Ich fühle meinen
Sinn zu Mondlicht sich weißen, Wandel der Form,
die das Tageslicht unverwechselbar plante,
vom Baum zum Mädchenkörper, in Schaum geneigt;
dann tritt die schwarze Wölbung eines Hügels
mit einem sanften Schnauben der Nüstern dem nackten
Mädchen näher, das sich die Brüste mit Silber
bespritzt. Wohl hätten beide gebotene Distanz
gewahrt, wenn nicht der keusche Mond schnell
den Vorhang einer schwarzen Wolke geschlossen
und ihre Schatten derart vereinigt hätte.

Ja, er reizt mit jenen Augenblicken,
doch gibst du einmal menschlicher Geilheit nach,
dann durchschaust du diese Mondsucht, siehst, wer sie
wirklich waren, diese Götter als Zuchtbullen,
als brünstige Schwäne – Lektüre hitziger Bauern.
Wer sah denn jemals ihre blassen Arme
seine Hörner halten, ihre klammernden Schenkel
bei ihrem tief versunkenen Ritt, und sah
im Zischen ermüdeten Schaums ihr weißes Fleisch
sich fügen zu Phosphorsternenbildern,
da Tier und Weib in Salzesdunkel kommen?
Nichts ist dort, ganz wie immer,
als zum Licht am Horizont des Schaumes Keil;
dann, dünn wie Draht, die über und über bewehrte

Rüstung, gleich immer noch bebenden Tropfen auf
seinem filzigen Fell, die Hufe, die Spitzen
der Hörner, sie bilden in Sternen ein Anagramm.

Jean Rhys

In ihren matten Photos,
gesprenkelt mit Chemikalien
wie die linke Hand eines älteren Fräuleins,
sind sie zum Rand geweht
von Veranden in Whistlerschem
Weiß, ihr Dschungel nun teebraun –
sogar die spitzen Palmen –
ihre Gesichter blaß;
einzuzeichnen sind:
steifkragene Herren
mit spitzen Schnurrbärten
und ihre Damen umbuchtet in Korbsesseln,
aus der Entfernung eines Jahrhunderts
sehen alle sie farbig aus
und neigen unter dem Axthieb seufzend sich seitwärts!

Schwarz werden ihre Braunen
wie Spaniel, der Rasen ein Teppich
in Beige, braunes Mondlicht und ein Mond
so vergilbt, so pharmazeutisch,
daß wie ein Kind sie fiebrig ist,
ein Malariaengel,
deren Grab sich duckt
unter der Wut eines Strauches,
eine Besessenheit wilden Manioks
kämpft, sie vor Kirchhöfen der Ahnen zu bergen.

Und der Seufzer jenes Kindes
ist orchideenweiß
auf einem verkrusteten Stamm
im Busch von Dominica,
ein V aus Chinaweiß,
einer Möwe Patrouille bestimmt,

über einem sepiafarbenen Andenken aus Cornwall,
wie weiße Stille zwischen zwei Sätzen.

Sonntage! Hochöfen
der Langeweile nach der Kirche.
Eine jungfräuliche Tante paddelt durch Wolkenlilien
in einer karibischen Hängematte
zum Metronom einer Kirchenhymne,
und das Kind auf polierter löwenfüßiger Couch
sieht die Hügel mit jedem Schaukeln
schwinden, sich wieder reihen.
Des Jahrhunderts grünblättriger Aufruhr
dunkelt wie der Atlantik, ein gerüchteschwangerer
Dunst hinter den Limonenbäumen,
Brecher kommen in vornehm gefälteter Spitze;
des Nachmittags zementener Schleifstein dreht sich
langsam und schärft ihre Sinne,
die Bucht ist calalugrün, dampfend Sargasso.

In jener harten Stille
zwischen dominicanischen Bergen
erwartet das Kind den Laut
eines Schmetterlings, der an einen Busch
sich heftet, wie ein goldener Ohrring
ans Ohr einer schwarzen Magd –
eine, die ins Dorf auf Besuch geht,
deren Kleid, eine Blume, zwischen Limonen welkt.

Baumstämme gibt es,
wie die Hand einer alten Frau verrunzelt,
die jener Welt mit feinem Takt schrieb,
als Grazie wie Malaria verbreitet war,
als das Zischen der Gaslaternen auf der Veranda
die Tanten anlockte wie Motten,
verurteilt in ein Buch gepreßt zu werden,
in eines Albums braunes Vergessen zu fallen,
Bestickerinnen der Stille,

ihre Bögen der Themse,
ihre Spitzen des Parlaments,
ihre London Bridge im Perlstich-Widerschein
verbleichen in der Sonne auf den Kissen der Hängematte,
wo eines Nachts
ein Kind aus der Ecke einer löwenfüßigen Couch
die unbewegte Kerzenflamme anstarrt,
das aufrechte weiße Licht,
die rechte Hand an *Jane Eyre* vergeben,
und voraussieht, daß ihr eigenes Hochzeitskleid
weißes Papier sein wird.

Das glückliche Geschick des Reisenden

Für Susan Sontag

*Und ich hörte eine Stimme unter den vier
Gestalten sagen: Ein Pfund Weizen um
ein Silberstück und drei Pfund Gerste um
ein Silberstück; aber Öl und Wein taste
nicht an.* Offenbarung 6:6

(I)

Es war im Winter. Kirchtürme, Spitzen
erstarrt wie heilige Kerzen. Faulender Schnee
lappte von Europas Decke. Ein gedrungener Mann,
so überquerte ich den Kanal im grauen Mantel,
im Aufschlag ein scharlach Knopfloch
für die kalte Ekstase des Meuchelmörders.
Im schwarzen Sarg, gekettet an mein Handgelenk,
flehten kleine Länder durch die Graphik-
gitter auf Xeroxformularen, dreifach,
an die Weltbank, auf die ich nur
ein Wort gekritzelt hatte: GNADE.

Ich saß auf kalter Bank
unter wenigen skeletthaften Linden.
Zwei andere Herren, grau die schwarze Haut
geworden, da ihre gleichen, gegürteten Mäntel
den weißen Fluß überquerten.
Sie sprachen das gestelzte Französisch
ihres schwarzen Flusses,

dessen Hakenwurm, seine blasse Sichel vermehrend,
die Ernte der Winterstraßen ausdünnen könnte.
»Sie werden uns sicher die Traktoren besorgen?«
»Ich gab mein Wort.«
»Darf mein Land fragen, mein Herr, warum Sie das tun?«
Schweigen.
»Sie wissen, verraten Sie uns, so finden wir Sie.«
Ein Schlepper. Rauch folgt seinem dunklen Schrei.

Am Fenster in Haiti, erinnere ich mich,
ein Gekko, ans Hotelglas gepreßt,
weiße Handflächen, ein sich konzentrierender Kopf.
Mit Kinderhänden. Gnade, *monsieur*. Gnade.
Hunger seufzt wie eine Sichel
über die Felder der Statistik, und die Wüste
ist ein Mund, der sich bewegt. Im Bauch dieser Erde
treiben 10 000 000 küstenlose Seelen.
Somalia: 765 000, ihre Skelette werden im treibenden Sand
    ertrinken.
»Wir treffen Sie in Bristol, um zu ratifizieren?«
Kirchtürme wie Stammeslanzen, durch erstarrenden Nebel
die Schreie wunder Kirchenglocken in Watte,
grauer Nebel birgt den Verschwörer wie einen
versiegelten Umschlag an seinem Herzen.

Niemand wird jetzt aufblicken und den Jet
wie einen Käfer in einer Wolke aus Mehl
entschwinden sehen. Man fliegt erster Klasse, man ist
glücklich dran. Wie ein umgedrehtes Fernrohr
dreht des Reisenden Auge Einzeltrauer flink
auf ein ovales Nest hüpfender Zahlen zurück,
und die Iris, deckungsgleich mit dem Globus,
kondensiert ihn zur Null, zu einer Wolke dann.
Käferschwarzes Taxi von Heathrow zu meiner Wohnung.
Wir sind Schaben
und durchlöchern die Staatskabinette, steigen ein
in die schwarzen Löcher der Macht, mit Mänteln gepanzert,

sausen um Säulen, winken nach Taxis,
mit eiligen Fühlern, zu Treffen mit anderen Schaben;
wir infizieren mit Optimismus, und wenn
die Kabinette platzen, türmen wir
als erste, eilt eine jede in ihre Richtung
zurück nach Genf, Bonn, Washington, London.

Unter den tropfenden Platanen von Hampstead Heath
las wieder ich ihren Brief und sah wie das Nieseln
sein Flehen verwischte wie Maskara. Margo,
ich kann die Nationen nicht weinen sehen.
Dann das Telephon: »Wir werden Sie in Bristol bezahlen.«
Tage im klammen Bettzeug, kalter Tee,
das Telephon vom Kissen erstickt. Der TV
ein blauer Sturm mit lautlosem Schnee.
Ich zündete das Gas an und sah eines Tigers Zunge.
Ich erprobte die Ekstasen des Hungerns
auf das, was ich tun mußte. *Und hätte der Liebe nicht.*

Mein Mitleid fand ich, erforschte verzweifelt
den Anfang der Geschichte, von schilfgebauten Kommunen
bei heiligen Seen, wo erste Kettenwasser-
räder sich drehten. Ich roch Imagination
zwischen tierischen Häuten beim Glanz von Fett
und suchte eine allen Rassen gemeinsame
Erfindungskraft. Ich erschaute ein Afrika,
durchflutet mit einem Licht, das die ersten Felder
Emmerweizen und Gerste zauberte,
als wir Wilden mit Ocker unsere bleichen Toten färbten
und unsere Tempel mit der heiligen Vulva der Concha säumten
in der grauen Epoche der Obsidianaxt.
Ich säte aus in der Sahara Getreideströme,
meine Fürsorge befruchtete diese Unfruchtbarkeit.

Was war mein Fach? Das späte sechzehnte Jahrhundert.
Mein Gebiet war ein finsterer Acker. Als Don in Sussex
lehrte ich die jakobitischen Ängste: *Der weiße Teufel.*

Flamineos Fackel erschrickt die brütenden Juden.
Herbeieilt das dicke Ende. Ich liebte meine Herzogin,
ihrer Seele weiße Flamme ausgeblasen
in Zypressenrauch. Sah Kinder auf grünes
Fleisch mit rattenhafter Gier sich stürzen.

Ich rief sie an und nahm den Zug nach Bristol,
mein Blut des Severns Dreck und Silber.
In der Mündung des Severn blitzen die Münzen,
der Lohn des Judas, Schutzheiliger der Spione.
Ich dachte, wen kümmert's, wenn Millionen hungern?
Ihre aufsteigenden Seelen werden der Welt
Gewicht leichtern und das Möwenglitzern
trimmen auf die Höhe der Wasserlinie;
wir durchfuhren die Mündung bei Sonnenuntergang.

England bleibt zurück. Die gespaltene weiße Möwe
kreischt und dreht ab.
Selbst die Vögel gehorchen ihrer Umlaufbahn,
selbst Gnade hat ihr Magnetfeld.
                                      Zurück in der Kabine,
öffne ich den Whiskey, das Bullauge
beschlägt mit Glaukoma. Bin ich voll,
England, wird England
blaß sein und ein Indigoriß am Horizont.
»Sie haben Glück, Sie sehen was von der Welt –«
So ist es, meine Herren, ich habe die Welt gesehen.
Gischt klatscht an die Bullaugen, verwischt die Sicht.

An heißer Reling lehnend sah ich die heiße
See, sah fern sie knien auf heißem Sand,
fromm wie Heuschrecken das Knie gebeugt,
da Ponces gepanzerte Knie Florida quetschen
zu weißer Lilien Leichenduft.

(II)

Nun bin ich dort, wo Geister wohnen.
Ich fürchte Geister nicht, nur das Reale.
Die Sabbat-Segnungen der Inseln. Dreifacher
Schlüssel der Schnecken auf der Blätterpartitur,
das Tantum Ergo schwarzer Chorsänger
steigt aus den Orgelpfeifen von Kokosnüssen.
Über den schmutzigen Strand, bedeckt wie ein Chorhemd
mit Spitze, ziehen sie an brauner Lagune entlang
hinter dem stoppelbärtigen Priester mit seiner
zerfransten Soutane in Canaries' feste Kirche;
wie Albert Schweitzer zum Harmonium
des Morgens geht, und die Dünung den wolkigen
Kaminen *Lebensraum, Lebensraum* zuwogt.

Schwarze Gesichter, gesprenkelt mit dauerndem Tau –
Tau auf dem fleckigen Croton, Tau
auf dem harten Blatt des knotigen Pflaumenbaums,
Tau auf den Elephantenohren der Kolokasie.
Durch Kurtzens Zähne, weißer Schädel
im Elephantengras, singt die Herrschafts-
fiktion. Sonntag runzelt flußab sich
vom Herz der Finsternis.
Das Herz der Finsternis ist Afrika nicht.
Das Herz der Finstnis ist der Kern
des Feuers in des Holocausts weißer Mitte.
Das Herz der Finsternis ist die Gummiklaue,
die im aseptischen Licht ein Messer sich wählt,
die Kinderschuhhügel vor den Kaminen,
die klingenden Nickelgeräte auf weißem Altar;
Jacob schrieb mir diese Verse zuletzt:
»Denk einen Gott, den nichts zu wecken scheint,
wenn Bäume Tränen tragen, der Gletscher weint.

So schreib ich jetzt, ganz aus seiner Schau,
Nach Christi Geburt nicht mehr,
sondern zähle die Jahre nach Dachau.«

(III)

Das Mädchen bringt eine Lampe und schließt die Gardinen.
Ich bleibe bei den Sternen auf der Veranda draußen.
Auf dem Teller ist das Frühstück erstarrt zum Souper.

So ruhelos wie mein Kopf ist kein Meer.
Die Vorgebirge schnarchen. Sie schnarchen wie Wale.
Cetus, der Wal, war Christus.
Die Glut erlischt, der Himmel raucht wie Asche.
Das Schilf wäscht seine Hände von Schuld, die Lagune
ist befleckt. Lauter, es regnete,
sirrt von der Marsch ein Sandmückenschleier.

Seit Gott tot ist, und dies Seine Sterne nicht sind,
sondern menschenentzündete, schwefelige Tempellichter,
halten im Herz der Finsternis dieser Erde
rückständige Stämme die Wache an Seinem Leib,
in Deya, Lampion und dieser Nachttischlampe.
Verbergt die Botschaft vor ihrem seligen Unwissen.
Wie Läuse schwärmen die Hungernden dieser Erde,
wie Läuse zum Baum des Lebens. Wenn diesen Hungernden
wie Fliegen, die gläserne Flügel im Licht verlieren,
aus knochigen Schultern spröde Flügel erwüchsen
und zu jenem Baum aufstiegen, wie würde er wimmeln –
ah, Gerechtigkeit! Aber Feuer
ertränkt sie wie Ungeziefer, Quoten
halten sie fern, und sie bleiben,
Mitleidsfutter fürs Reisebuch,
seine Absätze wie Fenster, vom Zug aus gesehen,
denn wo überall die Erde ihren Brustkorb zeigt,
und der Mond mit den Augen von Kindern stiert,
wenden wir uns ab zum Lesen. Rimbaud lernte es.
                                       Rimbaud, abends,

ließ in der Strömung sein Handgelenk treiben,
an Tempeln vorbei, die Dattelpalmen
noch immer in römischer Ordnung schützen; er wußte,
ein Menschengesicht ist weniger uns als Papyri
in Alexandrias Asche, und daß helles Wasser
seine Hand sowenig färbte wie Poesie.
Die Silhouette der Dhau durchglitt die blendende
Münze des Flusses, der, bis eine Schuld
wir bezahlen, nachts normales Geheimnis bedeckt.

(IV)

Das gezogene Schwert kommt schrittweise.
Es dehnt sich über den leeren Strand;
die Fischerhütten kneifen die Augen zu.
Ein Schauer schüttelt die Palmen
und schwitzt auf des Reisenden Baum.
Meine Zuflucht haben sie gefunden. Philippe, gestern abend:
»Da waren zwei Herren im Dorf gestern, Sir,
sie fragten nach ihnen, als Sie in der Stadt warn.
Ich sage ihnen, sie warn in der Stadt. Sie lassen sagen,
keine Eile. Sie werden wieder kommen.«

In Wolkenlaiben, *und hätte der Liebe nicht,*
macht der Getreidekäfer eine Sahara aus Kansas,
die Ameise soll Rußland fressen.
Ihre weichen Zähne sollen, *und hätte der Liebe nicht,*
die Ernten vernichten,
und der braune Erdball brechen wie eines Bettlers Schale,
und verbrennt von Getreide ihr auch ein Meer,
und hättet der Liebe nicht,

schreitet durch dünne Stengel,
schreitet durch rauchende Stoppeln
Grashüpfer: dritter Reiter,
die lederhelmige Heuschrecke.

Mittsommer
(Midsummer)
1984

II

Gefährte in Rom, den Rom so alt macht wie Rom,
alt wie das bröckelnde Fresko, gleich einer Wolke
die blätternde Farbe, hockst in schäbiger *pensione*,
wo Papier das einzig Neue ist, wie im Gehäus
der junge Hieronymus. Geschoren brummst du Verse,
die im Exil dein Land bald auswendig wissen wird,
auf ein sonniges Mauerstück, wo eine Taube gurrt.
Des Mittsommers Schmelzofen gießt jetzt alles in Bronze.
Sich windend in langsamen Schlieren fließt der Verkehr,
wie die Türen eines Baptisteriums,
wie byzantinische Ikonen strahlen selbst Katzenaugen.
In Schwarz, jene alte Frau glättet mit der Hand sie dein Laken,
ihre Heimat ist Rom, die Geschichte ihr Haus.
Eines jeden Cäsars Leben schrumpfte zur Kerzensäule
im Untersetzer. Ihre blutigen Togen reinigt das Salz.
Sie stapelt die Päpste wie Tücher im kirchhohen Schrank;
jetzt, in ihrer Steinküche, unter Domen von Zwiebeln,
da schneidet sie käsedick ein Licht in Epochen.
Die Küchenwand blättert ab wie ein Atlas, wo einmal
ibi dracones geschrieben stand, wo heidnische Kannibalen
nagten, wie einst Ugolino, an trockenen Kokosnußköpfen.
Der Herd der Hölle ist kalt wie Pompejis. Liliensanft
bestrafen uns Glocken. Glück deinen römischen Elegien,
die, wie Ovids, der Honig der Zeit verrätseln wird.
Korallen, bis zu den Fenstern im Sand, sind meine Dome,
angelumkreisende Möwen sind meine St. Markus-Tauben,
Makrelenlegionen, silbern, in unseren Katakomben.

III

In den weißen hohen Räumen des Queen's Park Hotels
betrete am Ort meinen ersten Spiegel ich wieder.
Eine Schabe im Becken rutscht vom Pfad zum Parnaß.
Jedes Wort, das ich schrieb, nahm den falschen Weg.
Ich kann diese Zeilen mit den Zügen meines Gesichts nicht
    verbinden.
Das in mir gestorbene Kind ließ seine Spur
auf dem verwirrten Bettzeug, und seine kleine Stimme
flüsterte aus des Beckens gurgelnder Kehle. Draußen
auf dem Balkon erinnere ich mich, wie Morgen war:
Wie eine Granitecke in Piero della Francescas
»Auferstehung«, der kalte eingeschlafene Fuß
stichelte wie oben beim Hilton die kleinen Palmen.
Auslauf auf dem Tau der Savanne, von Stallburschen geführt,
hatten schnaubende, zartfesselige Rennpferde,
Fesseln so zart wie der braune Rauch der Bäckereien.
Schweiß dunkelt ihre Seiten, und Tau hat nachts
die Häute der großen amerikanischen Taxis beschlagen.
In asphaltschwarzen, sonnengezeichneten Gassen
berührt ein Wort von Traherne verschlossene Hüttengesichter:
»Orient war das Korn und Weizen unsterblich«,
und von Caroni das Zuckerrohr. Mit dem ganzen Sommer zum
    Brennen,
schlendert eine Brise zum Dock, und die See beginnt.

VI

Mittsommer dehnt sich vor mir mit Katzengähnen.
Bäume mit Staub auf den Lippen, Autos zerschmelzen
in seinem Hochofen. Die Köter torkeln vor Hitze.
Das Kapitol ist rosé nun gestrichen,
um Woodford Square die Gitter in rostiger Blutfarbe.
Casa Rosada, die argentinische Stimmlage,
singt vom Balkon. Monoton-fahle Büsche
streifen die feuchte Luft mit Bussard-
Ideogrammen über den chinesischen Kaufläden.
Die Ofengassen ersticken. In Belmont plieren
traurige Schneider über alten Maschinen und sticheln
Juni und Juli nahtlos zusammen.
Und man wartet auf die Mittsommer-Blitze wie der bewaffnete
Posten gelangweilt auf einer Flinte Krachen.
Doch ich nähre mich von seinem Staub,
von seiner Gewöhnlichkeit, von seinem Glauben,
der seine Exilanten mit Grauen erfüllt,
von abendlich staubig-orangenen Lichtern
auf den Hügeln, sogar von der Leuchte im stinkenden Hafen,
die sich dreht wie's Licht auf einem Streifenwagen.
Der Terror, wenigstens, ist heimisch. Wie der Magnolien
Hurengeruch. Und der Hund verbellt die ganze Nacht
die Revolution. Der Mond scheint wie ein verlorener Knopf.
Es gehen auf dem Kai die Karbidlampen an.
Teller scheppern hinter dunklen Scheiben auf den Straßen.
Die Nacht ist gesellig, die Zukunft so hart
wie überall morgen die Sonne. Ich verstehe
Borges' blinde Liebe für Buenos Aires,
wie die Straßen der Stadt einem Mann in der Hand aufschwellen.

VII

Unsere Häuser sind einen Schritt nur vom Rinnstein. Gardinen
aus Plastik oder billige Drucke bergen, was dunkel ist
hinter Fenstern – die Pedalnähmaschine, die Photos, die
  Papierrose
auf dem Deckchen. Rote Dosen auf dem Verandagitter.
Nicht größer als die Türen sind die Passanten,
geschnitzte kleine Halbmonde im Geflecht der Türen.
Ohne Echo die Hügel. Von Ruinen das Echo nicht.
Leere Plätze nicken ein mit grünen Polstern.
Jeder Riß im Bürgersteig ein Sprung aus uralter Verwerfung
der ersten Karte der Welt, ihrer Grenzen und Mächte.
Bei einem roten Sandhaufen und sprießendem, verlassenem Kies,
einem abgebrannten Grundstück nahe, entrollt
ein frischer Dschungel grüne Elefantenohren
von Kolokasien und süßen Kartoffeln.
Ein Schritt über die niedrige Mauer, wenn du magst,
bringt Kindheit zurück, ihre Ranken halten deinen Fuß.
Und dies ist das Los aller Wanderer, dies ihr Schicksal,
denn je mehr sie wandern, desto weiter wächst die Welt.
Je weiter du also gereist bist,
reißen deine Schritte mehr Löcher, und das Netz nimmt zu –
denn: warum auf einmal denkst du an Tomas Venclova,
und was geht's mich an, was sie Heberto taten,
wenn Exilanten ihre eigenen Karten zu fertigen haben,
wenn doch dieser Asphalt dich weit vom Geschehen entfernt,
an Hecken vorüber mit unparteiischen Blumen?

XIV

Frenetisch wie eine alte sich häutende Schlange
verrenkt sich die modrig-fleckige kopfsteinige Straße
und tritt wieder ein in den Wald,
wo Kolokasienblätter schwellen und Legenden beginnen.
Uns droht die Dämmerung, als wir näher klimmen ihrem Haus
auf der Bergstraße aus Asphalt; Wurzeln der Süßkartoffel
ringelten über Dachrinnen mit dunklem Moosgeruch,
die Läden schlossen wie Lider sich der Mimose
Ti-Marie; dann – klar wie Papierlaternen,
glühte durch Ritzen Lampenlicht in Haus nach Haus –
war da ihre Lampe am schwarzen Ende der Siedlung.
Da ist Kindheit und das Nachwehen der Kindheit.
In der Minute der Glühwürmchen erinnerte sie,
beim Klopfen von Leitungswasser in Kerosindosen,
Geschichten, die meinem Bruder und mir sie erzählte.
Ihre Blätter waren der Karibik Bibliotheken.
Welch Glück wir hatten, solch duftende Herkunft!
Ihr Kopf war großartig, Sidone. Im Schacht ihrer Stimme
standen Schatten auf und gingen, ihre Stimme bereist
meine Regale. Sie war das Lampenlicht
im Starren von zwei angewurzelten Jungen,
unteilbare Zwillinge, in einem Schatten verbunden.

XV

Von weitem, fühl ich, kommt auch sie, *Maman*, die Flut,
der Tag hat sich gewendet, doch seh ich noch,
da überm Meer die Möwe blitzt, wie bäuchlings
sie das Grün einfängt, ich werd es später verwenden.
Die Imagination geht nicht mehr ganz zum Horizont,
doch kehrt sie immer zurück. An der Wasserkante
ist sie rein – gescheuerte Dinge, die, wie Abfall,
das Meer geweißt hat –, keusch. Verschiedene Szenen.
Die rosa und blauen Ställe im Passat
auf den Virginen. Mein Name gefangen in
dem Knoten in meiner Großtante Kehle.
Ein Hof, ein brauner alter Mann, Schnurrbart
wie ein General, ein Junge zeichnet Rizinusblätter
im Detail und sieht als neuer Albrecht Dürer sich.
Ich schätze all dies mehr als Stimmigkeit,
da dieselbe Flut, *Maman*, uns beiden sich nähert –
einen alten Zaun aus Draht dekorieren die Weinblätter
und den Alten als Oberst im schattenbetupften Hof
unter grünen Kanonenkugeln einer Kalebasse.

XXXI

Auf Cape Cod salzwinkelige weiße Häfen,
weiße Spitzen, weiße Tankstellen, als orthodoxes Opfer
Neu Englands Muschel-und-Austern Bars, die,
wie Entenmuscheln, fester sich saugen am Dock,
da ihr Tag verebbt. Kolonien dunkler Matrosen,
die Ohren eingestimmt auf ohrberingter Vorfahren
Hymne vom Generalbaß des Mittelmeers,
sie lösen sich auf wie einer bedrohten Spezies Schwarm,
ihre Gutturale dürstenden, gestrandeten Seehunden gleich.
Hoch an den Hügeln erleiden die Rahen
der Fichten den Sabbat mit Nerven von Espen.
Statt der Sybille das Heulen der Pilgerväter,
viele Völker seien, doch nur ein Gott, der,
schwarzer Hut, schwarzes Kleid und Silberschnalle,
dem Felsenpfuhl, dem Kichern der Naiaden fluchend,
mit priapischem Stab diese Küste trifft.
Aus methodistischer Kindheit bläst mir ein kalter Wind.
Der Sündenfall ist um uns – er ist Neu Englands
Höllenpredigt, und heiser wird meine Stimme
im Nebel, dessen Horn der Sirene gehört:
ein Kutter tastet sich aus dem Hafen von Boston,
Dampf und Schnee trüben die Inselgedanken.

XXXII

Weitersingen werden die Sirenen, sie werden niemals
ihres eintönigen Flusses Strömen anrufend stören:
»Komm wieder, komm wieder!«; auch dein Kopf wird rollen,
wie die rostig gähnenden Dosen und ihr orphisches Rufen.
Boston wird deinetwegen sich nicht verändern.
Cals Masse sucht heim meine Klassen. Der mähnige kantige
Kopf geneigt, Brille beschlagen vom Dunst seiner Wärme,
gebeugt, doch seine Hände umgreifen wieder und wieder Vasen
aus Luft, die Stimme, wie Blütenblätter so weich,
noch immer unverwelkt – mit ihren Blumen der Krankheit
sind die Gassen von Cambridge bedeckt, und die Saat
des Wahnsinns ist hier. Heut abend, in den Nachrichten,
wurden junge Schwarze, einer verbunden,
mit gezogenen Knüppeln zu Polizeiwagen geleitet.
Das Schnitterlicht auf ihren Kühlerhauben trennt
die Speienden von denen, die zu bespucken wären,
sie haben ein rotes Auge auf die farbige Nachbarschaft.
Die Sirenen singen weiter, als Lowells Haupt
am Bootshaus von Harvard vorbeirollt und seine Muse
in den irischen Bars für die Celtics gröhlt.
Sie ziehen, Straßenfische, in Schwärmen, bleich und aufrecht;
Sie spritzen auseinander, fischäugig, durchsichtig, wenn ich,
ein schwarzer Delphin, sie teile, unterwegs zur Meeresenge,
und die Sirenen singen in ihrer hallenden Leere weiter.

XLIII

Tropenzone / i

Ein umgedrehtes weißes Dory, sein rostiger Kiel
fleckt den Rumpf, blutet unter morgendlichen Blättern
eines Mandelbaums. Weinranken erklimmen den Deich und
  lassen
auf der anderen Seite sich fallen wie oliv-grüne Soldaten
aus Cuba. Dies ist mein Meer, aber es spricht
eine andere Sprache, seine Aussprache wechselt
von Insel zu Insel. Der Wind ist früh auf, er treibt
Wahlkampf mit Flugblättern von Möwen, aber vom Balkon
des Gästehauses widerstehe ich der Wiederkehr
des heller werdenden Hauptworts: in Übersetzung
»el mar« oder »la mar«, und *la muerte*, der Tod.
Ein rostiger Spatz landet auf rostigem Regenmesser
im Vorgarten, doch jedes Quietschen spricht
gereizt mich Spanisch an. »Ziehen Sie ein leichtes Hemd über.
Ein Gang am Strand lehrt Sie beiderlei ›S‹,
wie die Brandung sie ausspricht. Sie werden
die Hütten, die faulenden Netze wiedererkennen.
Auch warum als Gringo ein weißes Dory
erschossen wurde.« Ich gehe wieder nach oben,
denn das Empire wird gehaßt hier und zugleich so beneidet,
daß zwischen *»ven-thes«* und *»ven-ces«* die Wahl
klassenkämpferisch ist. Vorsicht also.
Umgezogen, leichtes Hemd, wandere ich
hinaus zur Cervantes-Straße. Schatten-gesperrt.
Es kommt ein Wassersprenger oder ein Tank.
Die Ecken sind leer. Die Boulevards öffnen sich
wie Romane, die noch zu schreiben sind.
Wolken – wie von Geschichten der Anfang.

ii

Die Sonne steht hoch jetzt; alles ist weiß oder grün:
Wolken, Hügel, Wände, Blätter daran, ihre Schatten;
Tau wird zu Staub auf den stillen städtischen Zedern.
Der Wasserwagen rollt vorbei, da »das Unheil, getan
unseren Vätern« durch leere Straßen weint, ruhige *avenidas*
hinunter, benannt nach steinernen Poeten,
doch die Befeuchtung läßt Verkehr nur wachsen.
Wenn um zwölf Uhr mittags die Habtachtstellung
den eingekastelten Posten am Gouverneurs-
palast einnimmt, hämmert sich Geschichte dir ein,
wie Migräne; doch greifen ihre Flammenbäume auch weit,
so trägt der grüne Wind Limonenparfüm,
die Indigohügel liegen vor Anker in Meeren
von Zuckerrohr wie auf meiner Insel so tief;
ich weiß, in Oriente wär orientierungslos ich,
meine Zunge getrocknet zu Korallengestein.
Die weißen Wände des palmenbesprühten Condado entlang
duftet nach einem Dialekt die Brise so stark,
daß Auspuffgase von Limousinen im Leerlauf
vor den großen Hotels ihn nicht überlagern, während
weit draußen, ungehört, das mahlende Morro-Riff
wie Korallen ausspeit die unverdauliche Trauer
des Indianers, Brocken fürs Nationalmuseum.
Ein blauer Himmel verkehrt jeden Völkermord
in Fiktion, aber ein Mann, vom Deich angezogen,
hockt wie eine Frage dort oder wie ein Gebet:
mein Gebet ist das Schreiben von sinnlosen Zeilen,
wie des Ozeans Zeilen linearer Zeit,
da unter Caesars Herrschaft die Zeit erste Provinz ist.

iii

Über heißen Werbeflächen aus Blech, über
Hostería del Mar, wo auch immer das Empire
mit blendenden Hochhäusern Lebensstandarten setzt,
wird der Kultur reumütiger Vergangenheit
etwas bedeutet, und unversöhnlich müssen ihre Künstler
bleiben, selbst wenn in Amt und Würden sie sind.
Wenn der architektonische Stil zur Internationalen
Moderne gehört, muß das Dekor kreolisch sein:
in palmenbestandener Terracotta-Lobby,
also, gurgelt ein heimisches Werbeliedchen
von einem neuen *cerveza*, golden,
im Kälte beschlagenen Glas, gleich neben
einem Wandbild, farbig, in leidenschaftlichem Acryl,
das Eden verstaatlicht, und dies allumfassende *sujet*
bringt Goldbier, Goldminen und »das Gold ihrer Körper«
ineins, und als erogene Zonen unsere zwei Tropen.
Ein Halsband smaragdgrüner Inseln ist mit Spitze umsäumt
und gestärkt, wie am Leibchen Isabellas die Rüschen;
dort bringen Niña, Pinta und Santa Maria
weißbrüstig Phalli aus Lanzen und penetrieren
den Dschungel, zum Urschrei eines Papageis
spreizen die Ranken sich. Dann, scheu wie die Farne
ihre Hände senken, starren Mädchen mit Brustwarzen wie
   Feigen
und mit Gesichtern wie Steine so still, und,
wie bei vielen Revolutionen der Kasus,
mißtraut der Besucher dem Bild und vertraut dem Bier.

iv

Mittag leert Balkone, die Arkadenaugenbögen
erstaunt der Fortgang nicht – eine Fliege bohrt
dem schnarchenden Peon Löcher in das Gesicht,
in den Schattenbögen der Patios summt die Hitze,
langfingrige Schatten ziehen zur Faust sich zusammen.
Der Reiterstatue Schwertarm ist müde, er möchte
absteigen von seinem blattgrünen Hengst, schlafen
im Schatten mit dem Rest des Landes. So war's
in den alten Drehbüchern, ein Hintergrund für's hektische
   Gewissen
des Gringo mit seiner Yankee-Wut auf Langeweile;
aber heute, in den Bananenrepubliken, deren Rekrutenbündel
im Drillich grün aussehen, haben Techniken der Tarnung
das Aufschlitzen von Bäuchen, wie Früchte, kunstfertig gelehrt,
der Flagge aufgenäht ist sichellos ein roter Stern.
Frauen, einst über schmiedeeiserne Balkone
wie über Bettstellen gefaltet, mit schwarzen
herunterhängenden Mähnen, sind keine Huren
mehr, mit Rosen, sondern entzwei gebrochene Puppen.
Ein blutendes VIVA! auf einer Mauer. Vier Stunden
lang Reden wie Hieroglyphen, Marathondialektik.
Sandfarbene Promenadenmischungen umschleichen eine junge
   Antigone,
ihr Gesicht, wie eine präkolumbianische Steinaxt, platt.
Die zahnlückigen Banditen im Kino mag ich noch immer,
ihr grollendes Pidgin-Lachen; dann muß ich grinsen
über der Rosen Widerspruch, die ihre Därme nähen.
In kolonialen Romanen bleibt komisch das Böse
und wird wichtig nur, da der Gringo über die Plaza schreitet
und vom Palmwedel-Schatten geschunden wird.

V

»Wo immer ein Gedanke, in diesen tropischen Zonen,
siebzig Jahre zurückreicht, kann Tradition sein.«
Unter den staubigen Blättern der Mandelbäume murmeln
alte Männer in weißen Anzügen, wie Tauben
zucken ihre Ellenbogen auf den Spazierstöcken,
hier finden sie Asyl vor fahrradzerstörten Pfaden,
vor Maschinen mit Schirmen, wo man Würstchen und Eis
  verkauft.
Die Revolution ist eine Drehung des Rades für sie.
Die Sozialisten billigen das nicht.
In den alten Mandelbäumen aber ist Billigung
und in der Neigung zum Horizont des Kinns der Kanone
und im Applaus vom Deich, da krachende Spitze jenem
Moment im Flamenco gleicht, *Ah, mi corázon*,
jenem Moment, da, wie eine knatternde Salve,
hoch über der Spange im gebeugten Scheitel, ihre klatschenden
Hände wie eine Uhr Mitternacht zeigten.
Für keinen der Alten unter weißem Panama
ist Ideologie in dem Licht: dieser hier fuchtelt
mit seinem Stock, wie eine offene Frage,
jener durchlächelt die Milizsoldaten,
ein anderer lehnt zurück sich im Koma
des Schweigens – da Lilien wie Grammophontrichter sich
öffneten, und die Dämmerung wie ein Kampfhahn die Federn
  spreizte,
und die Bürgerwehr sonntags die Promenade entlang
meilenlang »La Paloma« wiederholte,
und Möwen, wie Tauben, walzten zu bauschender Spitze,
da jeder weiß gekleidet und Anmut war.

vi

Du hast die Hitze vergessen. Aus einem Zinkzaun
könnte sie glühen. Nicht einmal die Palmen am Meer
können sich rühren. Jedem Gedanken an Zukunft
spottet das Empire. Des Binnenmeeres
untiefe Flächen nur murmeln Zeilen einer anderen See,
der diese ähnelt – analoger Inseln Mythen
von Olive und Myrte, Traum des dösenden Golfs.
Sind auch ihre Tempel, weiße Blöcke vor Grün,
Hotels und ihre Stoas Arkaden des Handels,
werden mit der Zeit sie gute Ruinen werden;
was also, wenn die Hand des Empire langsam ist,
wie eine Schildkröte die Brandung unterzeichnet, wenn
an Verträge es geht? Genius wird Geschichte widerlegen,
in ihren braunen Körpern ist er, in Olivenaugen,
wie Zuhälter einst des einfachen Athen
Asiens Chaos einfädelten, und Mädchen vom Lande,
hennafarbige Huren, Hetären waren.
Die Nachmittagsflut verebbt, und weiterer Imperien
Gestank steigt auf aus Beeren, der Schmuck
am Saum von Tyrannen und Meeren, und erreicht
einen Sitz, von dem auf Stufen die Wolken hinabschreiten,
defilierende Senatoren, genau wie zu der Zeit, da,
unter knatternden Blättern der Myrte, sie einen Schatten
sich teilten, Dichter und Meuchelmörder.

vii

Denk dir, wo Sand jetzt ist, die kriechende Lava
militärischen Betons. Netze jede Straße
mit den grauen Tränen des Volkeswillens. Tyrannei
bedenkt ihre Kolonien mit diesen Wendungen des Wetters.
Ein neues Monster stellt in die Parks seine Bronzen,
wenn auch, in gewöhnlicher Tagesordnung,
der Schwalben Senat seine Sitze einnimmt,
und zur Debatte sich finden können drei Männer noch immer
unter neuem Straßenschild, doch die Straßen sind leerer
und trocken der Mund. Denk Anschlagflächen dir
mit langsam sich schälender Hysterie,
und sieh aller Graffiti Beifall für das Regime.
Du könntest sagen: Ja, aber Berge sind hier,
Bänke im Park, fließende Wasserspender,
sonntags ein Blasorchester, hier gibt noch der Bäcker
dem Beruf seiner Väter einen ganz besonderen Dreh,
bis eines Morgens dreier Männer gedämpftes Sprechen
dir auffällt, daß Mütter aus identischen Fenstern ihre Kinder
nach Hause rufen, daß mit einem einzelnen Stern
die kleinste Schrift gestempelt ist. Die Tage
fühlen sich länger an, ihren Autos ähneln
die Menschen, gemeinsam das Grau. Im Millennium
schlafen die meisten Menschen nachts mit den Augen zur Wand.

viii

Wärst du in diesem weißen Zimmer, in diesem Hotel,
dessen Scharniere heiß noch im Seewind bleiben, du würdest
zusammensinken, von *la hora de siesta* betäubt.
Nicht die Glocke der Auferstehung ließe dich aufstehen,
oder das Silbergeläut der See, du bliebest unten.
Erhieltest du einen Klaps, würdest du diese Berührung
zur Geste eines Läufers wandeln im Marathon
der Somnambulen. Und ich ließe dich schlafen.
Dinge sinken langsam, wenn mit des Kapellmeisters Stab
der Wecker anhebt um eins: das Vieh beugt
seine Knie; auf den stillen Weiden schlägt einzig
der Schweif einer Stute, der Fliegen wegen,
betrunkene Melonen rollen in die Gräben
und Mücken kreisen ein in ihr Paradies.
Unter dem Baum der Erkenntnis vergißt nun der erste Gärtner,
daß Adam er ist. In der gerippten Luft
verschwimmt jeder Schatten dem müden Schmetterling
zu einer Oase, eine grüne Lagune zum Ankern.
Am weißen Strand, wie eine Stirn, die den Wind
fühlte, würde Schlaf gebracht vom sakramentalen
Stillstand, des Mittsommers Krone, Schlaf,
der seine Liebenden ohne Verbitterung trennt,
Schweiß ohne Sünde, Brennofen ohne Feuer,
Ruhe ohne Ich, das Sterben ohne Furcht,
da am Fenster der Nachmittag die Gitter nimmt,
die deinen Schlaf dir streiften,
wie eines Kätzchens, wie des Gefangenen Schlaf.

Nachwort

Derek Walcott, geboren in Castries auf der karibischen Insel St. Lucia am 23. Januar 1930, entstammt nicht nur einer Mischkultur aus afrikanischen, englischen, französischen, kreolischen und spanischen Elementen, sondern er spricht sie auch in seinem Werk. Dieses Werk könnte zunächst säuberlich nach dramatischen und lyrischen Schriften sortiert werden, wenn nicht beide Genres in den Walcott eigenen Ausprägungen auseinander entstanden und nebeneinander gereift wären und sich fortgesetzt voneinander nähren würden. Die Stücke von Walcotts epischem Theater – z. B. *Henri Christophe* (1950), *Drums and Colours* (1958), *Ti-Jean and His Brothers* (1958) und das preisgekrönte *Dream on Monkey Mountain* (Erstaufführung 1967) – teilen wichtige Themen und Gestaltungsprinzipien mit seiner Lyrik. Gemeinsam sind Walcotts dramatischen und lyrischen Werken die Themen des verdorbenen Paradieses, der Identitätssuche und der existentiellen Heimatlosigkeit. Allegorie und Mythos sind die strukturbildenden Elemente seiner mit Vorliebe in beiden dichterischen Sparten szenisch und episch gestaltenden Imagination. In dieser Übergänglichkeit zwischen den gewählten Gattungen trifft sich Derek Walcott, wie Robert D. Hamner bemerkt, mit T. S. Eliot, denn beiden Dichtern ist das Theater ein Medium, in dem die soziale »Nützlichkeit« lyrischen Schreibens ihre größte Wirkung entfaltet.* In diesem politischen Sinne sind Walcotts Werke *littérature engagée*, ohne jemals bloß pamphletistisch zu sein. Sie engagieren sich für die kulturelle Internationalität der multinationalen westindischen Inselwelt und sehen – positiv wie negativ – in diesem konfliktträchtigen Beieinander ein Paradigma für eine unbefriedete-unbefriedigende und doch zusammenwachsende Welt. Der Hinweis auf Eliot ist aufschlußreich auch in anderer Hinsicht: Wie Eliot bedient sich Walcott des Fundus der groß-

---

* Robert D. Hamner, »Mythological Aspects of Derek Walcott's Drama«. In: *Ariel* 8, Nr. 3 (Juli 1977) 35-58. 39.

britannischen Literatur im Rückgriff vor allem auf das 17. Jahrhundert, u. a. auf William Shakespeare und Thomas Traherne, also auf die Entdeckung der Schwarzen *(Othello)* und der Karibik *(The Tempest)* für das Theater und für die Lyrik in Gedichten wie »Shadows in the Water«. Walcotts Poetik, auch hier eine Parallele zu Eliot, wird außerdem vom poetologischen Nachdenken des Dichterkritikers Matthew Arnold in der 2. Hälfte des 19. Jahrhunderts gespeist, das sich gegen Nostalgie und Selbstmitleid richtet und die Welt so erfassen möchte, wie sie wirklich ist. Hier entlehnt Walcott das Modell des Autors in seiner gesellschaftlichen Doppelrolle als Kulturkritiker und Kulturschaffender. Ob Walcott trotz dieser Vorliebe für die englische Tradition in Sprache und Literatur für die englische Literatur vereinnahmt werden sollte – der Vergleich mit Eliot liegt hier ebenfalls nahe –, darf bezweifelt werden. Auch die fatal nach Kulturimperialismus schmeckende Sparte *Commonwealth Literature*, in der er gern in England rubriziert wird, ist unglücklich. Walcotts Zugehörigkeit zu einer eigenen Kultur, die *auch* mit dem Angelsächsischen die Sprache teilt, läßt sich genausowenig englisch besetzen wie die durch eine andere Kultur mitgeprägten Schreibweisen des Amerikaners Eliot.

Derek Walcotts Lyrik ist die Poesie *des* Südens. Sie ist nicht der Gesang schöngeistiger Heimkehrer nach einem Sabbatjahr in südlichen Regionen, die zu verlassen Bedingung des eigenen, aus Sehnsucht nach Zitronenhainen gestaltenden Schaffens zuhause ist. In ihr ist kein nördliches Sehnen nach einem erträumten idyllischen Arkadien mit angenehmen Luft- und Wasser- und Gefühlstemperaturen; es ist kein die Imagination reizendes Anderswo als utopisches Nirgendwo, dessen Existenz lediglich als Traum definiert wird, als Traum, der die Kehrseite des eigentlichen Gegenstandes ist. Walcotts Lyrik ist von und aus dieser ganz unverträumten Inselwelt, der »schönen neuen Welt«, der durch Entdeckung und nördliche Aneignung erstverdorbenen Inseln Bermuda, Haiti, Kuba, Trinidad und St. Lucia, die seit dem 18. Jh. auch den Neuengländern Amerikas zur veritablen kolonialen Goldgrube und zur nicht nur traumbesetzten Herzenssehnsucht wurden. Es ist die schwere Arbeit des Dichters Walcott, sich von dem Gewicht der Traumbibliotheken zu befreien, sich zu befreien von den nordamerikanisch und nordeuropäisch als *Literatur* eskapistisch kodifizierten weißen Stränden, den Palmen und Papageien, Orangen und Zitronen. Schwer ist es, den »Traumkitsch« (Walter Benjamin) zu zerstören, ohne die realen Strände, Palmen, Orangen und Zitronen als erlebte-verlebte Umwelt in ihrer Dinglichkeit und Kontur, ihrem Hintergrund und ihrer Zeitlichkeit ironisierend ebenfalls, wenn auch auf andere Weise, literarisch zunichte zu machen. Fast unmöglich scheint es, all dies im 20. Jh. zurück zu gewinnen, es aber zugleich im Kontext der Geschichte aus dem Blickwinkel derjenigen zu sehen, die jene nördlichen Träumenden in handfesteren Inkarnationen als Alpträume erleb(t)en, die andauern. Walcott gelingt dies alles. Und es gelingt ihm, die zum Klischee geratene Traumstaffage der Palmen und Papageien nicht zu ignorieren, sondern sie als Teil der real existierenden Magie dieser Inselwelt, in der sie Wirklichkeit und nicht Staffage sind, ins karibische Gedicht englischer Sprache zu retten.

Diese englische Sprache – besonders in ihrer amerikanischen Ausprägung schon immer aufnahmebereit für vielfältigste fremde Einflüsse – wird von Walcott nicht mit Einsprengseln aus Sprachen seines Archipels lediglich farbig angereichert. Keine sprachlichen Sternäpfel als bloße Verkaufsschlager zwischen dem Dörrobst. Vielmehr sind das Kreolische, das Spanische, das Amerikanische und Englische Früchte des gleichen karibischen Lebensbaumes und Teil einer Vegetation, einer Flora und Fauna und einer wuchernden Mythologie, die nur hier gedeiht und ihren Ort dauernd neu schafft im Wechsel des Lichts und des Bewußtseins. Das Ergebnis ist bei Walcott die kontrollierte Fülle seiner bildhaften Sprache, die den an nördlicher Kargheit geschulten Leser des Angloamerikanischen (und des Deutschen) geradezu mit Eindrücken überhäuft, ihn – zu Recht – dazu bringt, nach mediterranen Analogien zu suchen. Walcott selbst, darin Arnold folgend, bietet sie an. Doch ist es nicht damit getan, den uns literarisch bekannten griechischen Inselraum allein analog zu setzen und uns unserer Bildung zu erfreuen, die dann erneut als Bändigerin eines nicht-klassischen ›Wildwuchses‹ zu zweifelhaften Ehren käme. Walcotts karibisches Archipel nimmt vielmehr die griechische Inselwelt als Archetyp einer Welt in Bewegung auf, einer Gegenwelt zu den nördlichen Landmassen. Es ist der Süden als südliche Halbkugel, deren Charakteristik die Unfestigkeit in den Übergängen zwischen Wasser, Land und Himmel ist und die Intensität des Erlebens der Elemente. Die Unfestigkeit wurde kolonial gebändigt, indem man diese Inseln und Gewässer aufteilte und den nördlichen Imperien zuschlug. Dadurch wurden sie aus dem Zusammenhang ihres Kulturverbandes gerissen. Walcotts Lyrik eint sie wieder in der Nennung dessen, was ihnen gemeinsam ist. Nennung, Namensgebung – darin besteht die politische Funktion dieser Lyrik. Sie werden aufgerufen, diese Palmen, diese Strände, diese Tyrannen als das unvermeidlich Eigene. Walcott schreibt die innere und äußere Geographie seines Archipels neu und setzt sie auf die poetische Landkarte. Er schreibt ihren Ort in die Realität des tatsächlich Vorhandenen ein, in das tatsächliche Chaos aus Wellblechhütten und Touristenhotels und die Unruhe hinter den pastoralen Fassaden auf Bildern der Werbung, die in Frankfurt, London und New York gedruckt werden.

Derek Walcott verkehrt in der Lyrik die angelsächsische Konstellation von Nord und Süd, die als eine Art Poetik des Kontrastes im Englischen und im Amerikanischen eine lange Tradition hat. Und vom Amerikanischen muß jetzt die Rede sein, denn Walcotts frühere, zwangsweise kolonialbedingte, freiwillig sprachbestimmte Hinwendung zu England wird bei ihm zunehmend seit den späten 1960er Jahren durch die Vereinigten Staaten ersetzt. In New York feierte Walcott zunächst als Dramatiker mit *Dream on Monkey Mountain* Triumphe und festigte während langer Aufenthalte in New York und Boston seinen Ruf als Lyriker. New York und Neu England, das sind die Regionen von Elizabeth Bishop und Wallace Stevens, die sie flüchteten, um ihrer Imagination im Süden – sei es Brasilien, Florida, Kuba oder Mexiko – den belebenden Kontrast zum »winterlichen Schleim« (Stevens) der drögen »engen Provinzen von Fisch und Brot und Tee« (Bishop) zu entkommen, im Süden das »wilde Land der Seele« (Stevens) zu finden. Walcott zieht dagegen in den Norden als Mensch schwarzer Hautfarbe und widmet sich den unbewältigten Gegensätzen zwischen Süd und Nord – und dem Süden dieses Nordens: Arkansas, Virginia. Dem »Exilanten aus afrikanischer Provinz«, Walcott, dem die Kontraste im Heterokosmos seines Achipels unter die Haut gegangen sind, brennen auch die inneramerikanischen ›kolonialen‹ Gegensätze auf den Nägeln. Er entdeckt seinem amerikanischen Publikum eine Nord-Süd-Spannung, an der sich *seine* Imagination, sein Vers entzündet, denn: »wenn / das Wechselgeld in der Kleinstadtapotheke ich / mir nehme, dann scheuen der Kassiererin Fingerspitzen / meine Hand, als ob sie die ihre versenge« (»Nord und Süd«).

Nicht nur die regionale Konstellation wird vertauscht, sondern, wie angedeutet, auch die Perspektive. Geographie bestimmt das Lebensgefühl und die Weltsicht. Dies ist eine grundlegende Erfahrung, die Daniel Defoes Robinson macht. Er ist seither zur Symbolfigur des Gestrandeten, des Geworfenen geworden, der sich und seine neue Welt selbst zu machen hat. Durch Robinsons Verhältnis zu Freitag war auch ein jahrhundertelang gültiges koloniales Verhalten und ein Abhängigkeitsverhältnis symbolisiert, das in der amerikanischen Lyrik eine wesentliche Veränderung erst durch Elizabeth Bishops 1976 veröffentlichtes Gedicht »Crusoe in England« erfuhr, nämlich in der Wertung der Errettung Robinsons von der südlichen Insel als Zerstörung der selbstgemachten neuen Existenz. Die Heimkehr nach England, in frühere und abgelebte Existenz, bedeutet ein schlimmeres Gestrandetsein, dem für Crusoe auch Freitag – und mit ihm die heilende Würdigung seines Andersseins – zum Opfer fällt. Walcott schrieb zwischen 1965 und 1973 ebenfalls mehrere Robinson-Gedichte. Die Figur des Gestrandeten gibt einem seiner langen Gedichte und der gleichnamigen Gedichtsammlung *The Castaway and Other Poems* (1965) den Titel. Darin, in dem Gedicht »Crusoe's Journal« (Crusoe's Tagebuch), wird die Selbstschöpfung Crusoes als ein nachahmenswertes Beispiel »profaner Genesis« apostrophiert, die in dem »sich selbst schaffenden Frieden von Inseln« erneut möglich ist. Doch geht es für die »guten Freitage« nicht mehr darum, »Stimme und Stil des Meisters nachzuäffen«. Dies Nachbeten bedeutete die Kreuzigung des guten karibischen Freitag (»Good Friday« = Karfreitag). Die Trennung von Crusoe – hier die Gegenrede zu Bishop – ist deshalb seine Auferstehung, durch sie wird er fruchtbar. »Freitags Kinder, / die Brut vom Sklaven Crusoes«, bevölkern nun die Inseln, wie es in dem früheren Gedicht »Crusoe's Island« (Crusoe's Insel) heißt. »Die Kunst ist profan und pagan«, lautet die Schlüsselzeile eines zweiten Gedichts. Dies mag auch für Walcotts Kunst gelten, in der Voodoo-Riten ebenso ihren künstlerisch gerechtfertigten Platz haben wie das Idiom der (Ost-)Inder. Enge und Orthodoxien sind auf Walcotts poetischem Archipel verpönt.

Walcotts epischer Impuls, sein besessener Drang zu erzählen und poetisch erzählend seine Empfindungen kund zu tun, nichts zu übersehen und alles bedeuten zu lassen, sind das eigentlich Fremde seiner Lyrik. Auch anderes an ihr will nicht glatt in unsere akzeptierten Periodisierungen und Zuordnungen passen, denn wir neigen zu einem Nacheinander, das Früheres ausschließen möchte, und nicht zur Zusammenschau: Walcotts Poesie ist kritisch und polemisch, aber nicht demagogisch. Sie schämt sich nicht ihres autobiographischen Angerührtseins und ihres Sentiments, doch ist sie nicht wehleidig, die Luft wird nicht stickig. Sie ist mit Kenntnis durchtränkt, aber sie trägt sie nicht zur Schau und umarmt weder Bildungsbürger noch Kritiker. Sie ist lokal, aber darin spezifisch, und deshalb universal. Sie bietet Überfluß, aber sie zerfließt nicht.

Es ist dieser bedeutsame Überfluß an Bildlichkeit und Metaphorik, es sind die ambivalent zueinander sprechenden Details sowie der kontrollierte epische Duktus im Wechsel der Stilhöhe – zusammengenommen: dieses Fremde der sprachlichen Mélange, das die Frage nach dem Übersetzungsverfahren aufwirft. Was das Formale betrifft, so zeigen Walcotts Gedichte keine besondere Strenge, aber eine Regelmäßigkeit der Taktzahl. Die Zeilen variieren zwischen drei- bis sechstaktigen Versen, bestehen aber in der Mehrzahl aus Fünftaktern. Dies ist, mit gewissen Freiheiten, zu reproduzieren, so lange Walcotts (seinem epischen Impuls verbundener) formaler Konservatismus gewahrt bleibt, den der Autor auch mit seiner ironischen Bemerkung über amerikanische

»Freiversnachtigallen« (»Nord und Süd«) hervorhebt. Komplizierter ist es, die Fremdheit der langen syntaktischen Fügungen zu übersetzen, wo oftmals zwischen Subjekt und Prädikat ganze Listen an Zwischenbemerkungen, ergänzenden Beobachtungen und weit verschlungenen Metaphern eingefügt sind. Dieses Mäandrieren könnte aufgelöst, der Satzverlauf begradigt werden. Manchmal ist auf Grund des verschiedenen Schnitts der Sprachen behutsame Auflösung nicht zu vermeiden. Doch ist ja dieses geradezu vegetative Wuchern und Ausufern den tropischen Gegenständen mimetisch angemessen, so daß es weitgehend zu bewahren war. Es kann nicht darum gehen, »einbürgernd«, wie es heißt, das Fremde als dem Eigenen ähnlich erscheinen zu lassen. Der Widerstand, den jedes Fremde und Neue zunächst bietet, muß spürbar bleiben. Deshalb sollte auch nicht jedes Wort beim Überschreiten der Grenze ins Deutsche das »Zollamt Langenscheidt« und das »Ordnungsamt Duden« in jedem Fall passieren müssen. Genaueste Kontrolle bis zur Zurückweisung ist jedoch (leider) dort nötig, wo –von Einzelfällen abgesehen – ausgangssprachlich Dialekt vorliegt. Bei Walcott ist es das halbgrammatische Patois der Karibik. Joseph Brodsky zitiert in seinem Vorwort zur vorliegenden Auswahl einen Vierzeiler, der – mit dem Gebrauch des Infinitivs anstelle der flektierten Verbform *(»I'm just a red nigger who love the sea«)* – diesen Problembereich angeht. »The Schooner *Flight*«, das lange narrative Gedicht, dem der Vierzeiler entstammt, ist eine grandiose *tour-de-force* in diesem Patois. Der Vierzeiler ist übersetzbar, das lange Gedicht guten Gewissens nicht. Geringfügige Abweichungen vom Ausgangstext, die in dem kleinen Rahmen von vier Zeilen erträglich sein mögen, summieren sich über vierhundertsechsundsiebzig Zeilen zu einem anderen Gedicht. Wenn auch die Arten der grammatischen Abweichungen vom englischen Standard überschaubar sind, ergäbe sich zusammengenommen im Deutschen nicht das Fremde dieses Patois, sondern nur Befremdliches im Deutschen. Eine Mundart läßt sich wohl nie korrespondierend in ihren Konnotationen durch eine andere ersetzen. Das gilt auch in anderen Fällen für das Patois der Karibik, wie z. B. eine deutsche Übersetzung des Romans *Wide*

Sargasso Sea der von Walcott verehrten kreolischen Autorin Jean Rhys belegt. Wenn dort ein schwarzer Diener nuschelt: »Kann nich Tag un Nacht auf den Gaul aufpassen«, dann verpflanzen ihn die Synkopierungen auf einen Bauernhof ins norddeutsche Flachland. Unter Frangipani auf Jamaica können wir ihn uns nicht vorstellen. Um dieser dialektalen Fehlverortung zu entgehen, müssen wir auf manches Kostbare bei Walcott verzichten. So auch auf das lange dialektale Gedicht »The Spoiler's Return«. Durch diesen Verzicht wird aber eines gewonnen: das längst überfällige Totschweigen der kläglich literarisierten Sprache der »guten Schwarzen« bei weißen Autoren, die durch ihr Vorkommen in Margaret Mitchells *Gone with the Wind* endgültig notorisch geworden ist, sich aber schon lange vorher im Amerikanischen und Deutschen breitgemacht hatte. Sprache ist auch Sozialgeschichte. Man täte Walcott einen schlimmen Tort an, würden diese kolonial-rassistischen Konventionen des »Mammy-Englisch« bewahrt. Lassen wir sie vom frischen Wind der Karibik verwehen.

Klaus Martens

Inhalt

Joseph Brodsky
Das Klingen der Gezeiten
Über Derek Walcott
5

Das Königreich des Sternapfels
(The Star-Apple Kingdom)
17

Auf den Virginen
19

R.T.S.L. (1917-1977)
21

Der Forst Europas
23

Das Königreich des Sternapfels
The Star-Apple Kingdom
26/27

Das glückliche Geschick des Reisenden
(The Fortunate Traveller)
51

Hinterland
53

Nord und Süd
55

Karte der neuen Welt
61

(1) Archipele
61

(2) Die Bucht
62

(3) Seekraniche
63

Europa
64

Jean Rhys
66

Das glückliche Geschick des Reisenden
69

Mittsommer
(Midsummer)
79

Nachwort
97

Edition Akzente

Giorgio Agamben: Idee der Prosa
John Ashbery: Eine Welle. *Gedichte*

Gaston Bachelard: Psychoanalyse des Feuers
Gaston Bachelard: Die Flamme einer Kerze
Georges Bataille: Das Unmögliche
Reinhard Baumgart: Glücksgeist und Jammerseele. *Über Leben und Schreiben, Vernunft und Literatur*
John Berger: Und unsere Gesichter, mein Herz, vergänglich wie Fotos
Horst Bienek: Das allmähliche Ersticken von Schreien. *Sprache und Exil heute. Münchner Poetik-Vorlesungen*
Bettina Blumenberg: Vor Spiegeln. *Erzählung*
Karl Heinz Bohrer: Nach der Natur. *Über Politik und Ästhetik*
Jorge Luis Borges: Geschichte der Nacht. *Neue Gedichte. Zweisprachige Ausgabe*
Joseph Brodsky: Römische Elegien und andere Gedichte
Joseph Brodsky: Erinnerungen an Leningrad
Joseph Brodsky: Marmor

Roger Caillois: Steine
Roger Caillois: Der Krake. *Versuche über die Logik des Imaginativen*
Italo Calvino: Kybernetik und Gespenster. *Überlegungen zu Literatur und Gesellschaft*
Elias Canetti: Der andere Prozeß. *Kafkas Briefe an Felice*
René Char: Rückkehr stromauf. *Gedichte. Zweisprachige Ausgabe*
Gerrit Confurius: Sabbioneta oder die schöne Kunst der Stadtgründung

Tankred Dorst: Der verbotene Garten. *Fragmente über D'Annunzio*

Umberto Eco: Lector in Fabula

Lars Gustafsson: Eine Liebe zur Sache. *Prosastücke*
Lars Gustafsson: Die Bilder an der Mauer der Sonnenstadt.
  Essays über Gut und Böse
Madeleine Gustafsson: Die Lawine hinauf. *Gedichte*

Ludwig Harig: Das Rauschen des sechsten Sinnes. *Reden zur Rettung des Lebens und der Literatur*
Gerd Henniger: Spuren ins Offene. *Essays über Literatur*

Felix Philipp Ingold: Haupts Werk. Das Leben
Felix Philipp Ingold: Mit anderen Worten

Edmond Jabès: Das kleine unverdächtige Buch der Subversion

Dietmar Kamper: Das gefangene Einhorn. *Texte aus der Zeit des Wartens*
Dietmar Kamper: Hieroglyphen der Zeit. *Texte vom Fremdwerden der Welt*
Milan Kundera: Die Kunst des Romans. *Essay*
Günter Kunert: Vor der Sintflut. *Das Gedicht als Arche Noah*

Wolf Lepenies: Autoren und Wissenschaftler im 18. Jahrhundert.
  Buffon, Linné, Winckelmann, Georg Forster, Erasmus Darwin
Emmanuel Lévinas: Eigennamen. *Meditationen über Sprache und Literatur*
Jakov Lind: Eine Seele aus Holz. *Erzählungen*

Jürgen Manthey: Wenn Blicke zeugen könnten. *Eine psychohistorische Studie über das Sehen in Literatur und Philosophie*
Henri Michaux: Momente. *Durchquerungen der Zeit*
Henri Michaux: Unseliges Wunder. *Das Meskalin*
Norbert Miller: Strawberry Hill. *Horace Walpole und die Ästhetik der schönen Unregelmäßigkeit*
Czesław Miłosz: Das Zeugnis der Poesie
Yukio Mishima: Zu einer Ethik der Tat. *Einführung in das »Hagakure«, die Samurai-Lehre des 18. Jahrhunderts*
Eugenio Montale: Gedichte 1920-1954

Ivan Nagel: Autonomie und Gnade. *Über Mozarts Opern*
Ivan Nagel: Gedankengänge als Lebensläufe. *Versuche über das 18. Jahrhundert*

Oskar Pastior / Francesco Petrarca: 33 Gedichte
Oskar Pastior: Lesungen mit Tinnitus. *Gedichte 1980-1985*
Francis Ponge: *Schreib*praktiken oder Die stetige Unfertigkeit

Janis Ritsos: Unter den Augen der Wächter
Juan Rulfo: Der goldene Hahn. *Erzählung*

Claudia Schittek: Flog ein Vogel federlos. *Zur Sprache der Rätsel*
Alfred Schmidt: Goethes herrlich leuchtende Natur. *Philosophische Studie zur deutschen Spätaufklärung*
Alfred Schmidt: Idee und Weltwille. *Schopenhauer als Kritiker Hegels*
Schuldt: Leben und Sterben in China. *111 Fabeln nach Lius Wörterbuch*
Manlio Sgalambro: Vom Tod der Sonne. *Essay*
George Steiner: Martin Heidegger. *Eine Einführung*
Marleen Stoessel: Aura. *Das vergessene Menschliche. Zu Sprache und Erfahrung bei Walter Benjamin*
Botho Strauß: Marlenes Schwester / Theorie der Drohung. *Zwei Erzählungen*

Paul Virilio: Krieg und Kino: *Logistik der Wahrnehmung*
Paul Virilio: Der negative Horizont. *Bewegung – Geschwindigkeit – Beschleunigung*

Derek Walcott: Das Königreich des Sternapfels. *Gedichte*
Ernst Wendt: Wie es euch gefällt, geht nicht mehr. *Meine Lehrstücke und Endspiele*

Marguerite Yourcenar: Mishima oder die Vision der Leere